UTB **3127**

UTB

Eine Arbeitsgemeinschaft der Verlage

Böhlau Verlag · Köln · Weimar · Wien
Verlag Barbara Budrich · Opladen · Farmington Hills
facultas.wuv · Wien
Wilhelm Fink · München
A. Francke Verlag · Tübingen und Basel
Haupt Verlag · Bern · Stuttgart · Wien
Julius Klinkhardt Verlagsbuchhandlung · Bad Heilbrunn
Lucius & Lucius Verlagsgesellschaft · Stuttgart
Mohr Siebeck · Tübingen
Orell Füssli Verlag · Zürich
Ernst Reinhardt Verlag · München · Basel
Ferdinand Schöningh · Paderborn · München · Wien · Zürich
Eugen Ulmer Verlag · Stuttgart
UVK Verlagsgesellschaft · Konstanz
Vandenhoeck & Ruprecht · Göttingen
vdf Hochschulverlag AG an der ETH Zürich

CHRISTEL SALEWSKI | BRITTA RENNER

Differentielle und Persönlichkeitspsychologie

Mit 14 Abbildungen
und 92 Übungsaufgaben

UTB basics

Ernst Reinhardt Verlag München

Prof. Dr. *Christel Salewski* lehrt Persönlichkeitspsychologie im Fachbereich Angewandte Humanwissenschaften der Hochschule Magdeburg-Stendal.

Prof. Dr. *Britta Renner* leitet an der Universität Konstanz die Arbeitsgruppe Psychologische Diagnostik und Gesundheitspsychologie.

Lektorat/Redaktion im Auftrag des Ernst Reinhardt Verlages:
Dr. med. Martina Steinröder

Bibliografische Information der Deutschen Nationalbibliothek
Die Deutsche Nationalbibliothek verzeichnet diese Publikation in der Deutschen Nationalbibliografie; detaillierte bibliografische Daten sind im Internet über <http://dnb.d-nb.de> abrufbar.

UTB-ISBN 978-3-8252-3127-9 ISBN 978-3-497-01997-7

Grundlayout und Einbandgestaltung: Atelier Reichert Stuttgart
Satz: PTP-Berlin Protago-TEX-Production GmbH, Berlin
Druck: Friedrich Pustet, Regensburg

Printed in Germany
ISBN 978-3-8252-3127-9 (UTB-Bestellnummer)

Ernst Reinhardt Verlag, Kemnatenstr. 46, D-80639 München
Net: www.reinhardt-verlag.de E-Mail: info@reinhardt-verlag.de

Inhalt

Persönlichkeit und Persönlichkeitsunterschiede

1

Inhalt

Die Beschäftigung mit der menschlichen Persönlichkeit spielt in unserem Alltag eine zentrale Rolle. Wir greifen auf das globale Konzept „Persönlichkeit" oder einzelne Aspekte der Persönlichkeit zurück, um das Verhalten und Erleben bei anderen Menschen ebenso wie bei uns selbst zu verstehen. Entsprechend der Bedeutung, die Persönlichkeit im Alltagsleben hat, gibt es eine differenzierte Beschreibung des Phänomens Persönlichkeit in der psychologischen Wissenschaft, vor allem in der Differentiellen Psychologie oder Persönlichkeitspsychologie. So hilfreich das Konzept Persönlichkeit im Alltag ist, bleibt es doch meistens unscharf formuliert. Daher erfolgt in diesem ersten Kapitel zunächst eine Abgrenzung der alltagspsychologischen und wissenschaftlichen Sichtweise des Phänomens Persönlichkeit. Hier wird schnell ersichtlich, dass die Wissenschaft die menschliche Persönlichkeit auf ganz unterschiedliche Weise definiert. Eine Reihe dieser Definitionen, die unterschiedlich eng oder breit gefasst sind, werden daher auf ihre Nützlichkeit und Anwendbarkeit hin betrachtet. Bei allen Unterschiedlichkeiten finden sich jedoch auch Ähnlichkeiten in den verschiedenen Ansätzen, die darin begründet sind, dass die menschliche Persönlichkeit als eine relativ stabile Einheit verstanden wird, die eng verbunden mit dem Verhalten, Denken und Fühlen verbunden ist und die anhand verschiedener Struktureinheiten und Prozesse beschrieben werden kann.

Die Frage nach der Persönlichkeit, ihren Ursachen und Auswirkungen hat Menschen von jeher beschäftigt. Einige der frühen Entwicklungslinien der Auseinandersetzung, die heute noch ihre Spuren in der aktuellen Differentiellen Psychologie hinterlassen haben, werden im weiteren Verlauf des Kapitels ebenso skizziert wie die Entwicklungen der Neuzeit – Entwicklungen, die immer auch gesellschaftlichen Wandel und veränderte Menschenbilder widerspiegelten.

Persönlichkeit ist nicht direkt beobachtbar, sondern kann nur anhand des Verhaltens, das Menschen zeigen, erschlossen werden. Die Festlegung, welche Verhaltensmerkmale auf welche Aspekte der Per-

sönlichkeit zurück schließen lassen und wie die Ausprägung von Verhalten mit der Ausprägung der Persönlichkeit zusammen hängt, führt zum Thema der Messung von Persönlichkeit, das abschließend im ersten Kapitel behandelt wird. Dabei lässt sich einmal die Art des methodischen Zugangs differenzieren: Soll die Persönlichkeit bei einer einzelnen Person oder bei einer Gruppe von Menschen erfasst werden, steht die Gesamtpersönlichkeit oder stehen einzelne Facetten der Persönlichkeit im Mittelpunkt des Interesses? Ebenso werden unterschiedliche Verfahren der Datengewinnung bei der Messung der Persönlichkeit (vor allem Selbstbericht, Fremdbericht und indirekte Verfahren) dargestellt und illustriert

Ursache von Verhalten

Wenn wir Menschen um uns herum beobachten und versuchen, ihr Verhalten zu verstehen, nehmen wir sehr häufig Bezug auf Persönlichkeitsmerkmale, die wir als ursächlich für das Verhalten ansehen.

Beispiel

Wenn ein Schüler mehr Hausaufgaben macht, als er eigentlich müsste, und sich bei einer schlechten Note ärgert, dann gehen wir davon aus, dass er das aufgrund seiner hohen Leistungsmotivation tut. Wenn die Bäckereiverkäuferin uns und andere Kunden jeden Morgen anlächelt, dann führen wir das auf ihre Freundlichkeit zurück.

Weiterhin charakterisieren wir Menschen anhand der Persönlichkeitsmerkmale, die wir besonders hervorstechend bei ihnen finden. Das wird z. B. immer dann augenfällig, wenn wir Personen zu beschreiben versuchen und dabei Aussagen machen wie: „Das ist ein dominanter Typ", oder: „Sie ist ein fröhlicher Mensch".

Selbstwahrnehmung

Die Auseinandersetzung mit Fragen der menschlichen Persönlichkeit bezieht die Beobachtung der eigenen Person mit ein. Wir sind bestrebt, uns selbst möglichst differenziert zu beschreiben und Zusammenhänge zwischen unserer Persönlichkeit und unserem Verhalten, Fühlen und

Denken herzustellen: „Ich komme meistens pünktlich und bezahle meine Rechnungen rechtzeitig, weil ich sehr gewissenhaft bin." Durch solche Zuschreibungen bekommen wir ein stimmiges Bild der eigenen Person, ebenso wie wir durch die Zuschreibung von Persönlichkeitsmerkmalen bei anderen Personen ein besseres Verständnis ihres Verhaltens, Denkens und Fühlens bekommen wollen.

Persönlichkeitsunterschiede

Ein weiterer Aspekt der alltäglichen Beschäftigung mit Persönlichkeit ist der Vergleich zwischen uns und anderen Menschen bzw. der Vergleich anderer Menschen miteinander.

Beispiel

Dabei kommen wir zu Ergebnissen wie etwa, dass der Schüler Michael zwar genauso intelligent ist wie die Schülerin Beate, sie aber viel leistungsmotivierter ist, deshalb mehr arbeitet und daher bessere Noten bekommt. Oder, dass die Bäckereiverkäuferin, die morgens arbeitet, viel freundlicher ist als die Verkäuferin am Nachmittag.

Wir verwenden eine Reihe von Merkmalen, die besonders geeignet und wichtig erscheinen, um Menschen voneinander zu unterscheiden. Dabei gehen wir so weit, auch Gruppen von Menschen gegenüber anderen Gruppen mit Hilfe solcher Persönlichkeitsmerkmale abzugrenzen:

Beispiel

Menschen in beiger Kleidung sind eher konservativ, während Menschen mit knallroten Haaren eher unkonventionell sind.

Beschreibung, Erklärung, Vorhersage

Das Ziel der alltäglichen Beschäftigung mit der Persönlichkeit, sei es mit der eigenen oder der anderer Menschen, ist zum einen die **Beschreibung** dessen, was wir sehen. Was wir beobachten, wollen wir ordnen und mit passenden Begriffen benennen. Ein weiteres Anliegen ist die **Erklärung**, denn wir wollen verstehen, warum wir uns so unwohl fühlen, wenn wir zu spät kommen oder eine Zahlungsaufforderung erhalten, bzw. wie es kommen kann, dass Michael und Beate so unterschiedliche Noten haben, obwohl sie gleich intelligent sind. Hier bieten Persönlichkeitsmerkmale gute Erklärungsmuster. Haben wir Erklärungen gefunden, die uns stimmig erscheinen, dann wirkt die Welt weniger chaotisch und unvorhersagbar. Denn das dritte Ziel der Alltagsbeschäftigung mit der menschlichen Persönlichkeit ist die **Vorhersage** des zukünftigen Laufs der Dinge.

Beispiel

Da die Bäckereiverkäuferin bisher fast an jedem Morgen gelächelt hat und ich dieses Verhalten durch die starke Ausprägung des Persönlichkeitsmerkmals „Freundlichkeit" erkläre, kann ich davon ausgehen und mich darauf einstellen, dass sie auch morgen früh wieder lächelt. Einem neuen Arbeitgeber kann ich guten Gewissens versichern, dass ich pünktlich sein werde. Ich weiß nämlich, dass aufgrund meiner Gewissenhaftigkeit Pünktlichkeit bisher für mich nie ein Problem war und es daher auch nicht zu erwarten ist, dass es das in Zukunft sein wird.

Sind diese Vorhersagen im Großen und Ganzen zutreffend, dann hilft uns dies, unseren Alltag zu strukturieren, und gibt uns ein Gefühl von Kontrollierbarkeit und Sicherheit.

Individualität von Alltagstheorien

Die Auseinandersetzung mit der menschlichen Persönlichkeit im Alltag ist ein sehr individuelles Geschehen: Menschen unterscheiden sich in starkem Maße darin, was sie für wesentliche Unterscheidungsmerkmale von Personen halten, durch welche Begriffe sie sich und andere beschreiben, wie sie diese Begriffe inhaltlich füllen und durch welche Einflüsse und Gesetzmäßigkeiten sie die menschliche Persönlichkeit bestimmt sehen.

Merksatz

Jeder Mensch hat eine eigene Persönlichkeitstheorie, die dazu dient, sich und andere Menschen zu beschreiben, die plausible Ursachenerklärungen enthält und Vorhersagen hinsichtlich zukünftiger Situationen ermöglicht.

1.1 Definitionen und Inhalte der Differentiellen Psychologie

Alltagstheorien der Persönlichkeit sind äußerst handlungsrelevant, aber selten ausführlich ausformuliert. Das müssen sie auch nicht sein, solange sie einigermaßen funktionieren, d.h. sich als brauchbare Faustregeln für den Umgang mit der eigenen Person und den anderen Menschen der sozialen Umgebung bewähren. Im Kontrast dazu hat die Differentielle Psychologie (auch: Persönlichkeitspsychologie) den Anspruch, wissenschaftlich abgesicherte Theorien zur Beschreibung, Erklärung und Vorhersage der menschlichen Persönlichkeit zu liefern.

Anforderungen an wissenschaftliche Theorien

Die Begriffe zur Beschreibung der Persönlichkeit sollen eindeutig definiert sein, die Aussagen über Gesetzmäßigkeiten und die Zusammenhänge zwischen der Persönlichkeit eines Menschen und seinem Denken, Fühlen und Handeln müssen widerspruchsfrei und prüfbar sein (→ Kap. 1.3).

Definition

Häufig werden bei der Benennung dieses psychologischen Bereichs die Begriffe **Differentielle Psychologie** und **Persönlichkeitspsychologie** gleichermaßen verwendet. Es gibt unterschiedliche Positionen dazu, ob beide Begriffe das Gleiche meinen oder unterschiedliche Inhalte ansprechen: Die Differentielle Psychologie beschäftigt sich vor allem mit denjenigen Merkmalen, die Menschen voneinander unterscheiden (Fisseni 1998), während die Persönlichkeitspsychologie sich eher mit den umfassenden theoretischen Systemen befasst, die grundlegende Strukturen und Prozesse der menschlichen Persönlichkeit zum Inhalt haben. Da eine klare Abgrenzung aber nicht möglich ist – jede Persönlichkeitstheorie muss Aussagen zu Merkmalen machen, die Menschen charakterisieren und durch ihre unterschiedlichen Ausprägungen zur Abgrenzung von Menschen geeignet sind –, werden beide Begriffe meist synonym verwendet.

Persönlichkeit als Konstrukt

Eine wesentliche Herausforderung der wissenschaftlichen Persönlichkeitstheorien liegt darin, dass es keinen direkten Zugriff auf die Persönlichkeit gibt – sie muss immer aus beobachtbaren Hinweisen oder Indikatoren erschlossen werden. Persönlichkeit ist wie viele andere Gegenstände der Psychologie ein Konstrukt, also eine Hilfskonstruktion für die Beschreibung von Dingen, die nicht direkt beobachtbar sind. Das Persönlichkeitsmerkmal Freundlichkeit ist ebenso wenig direkt erfassbar wie Leistungsmotivation oder Gewissenhaftigkeit, sondern Verhalten wie Lächeln und eine zugewandte Körperhaltung sind Indikatoren, die auf Freundlichkeit hinweisen.

Indikatoren für Konstrukte

Es gibt aber nie eine hundertprozentige Gewissheit darüber, dass diese Indikatoren auch tatsächlich mit dem angenommenen Persönlichkeitsmerkmal zusammenhängen – vielleicht sind das Lächeln und die zugewandte Körperhaltung Indikatoren für Geschäftstüchtigkeit anstatt für Freundlichkeit. Zweitens gibt es keine Sicherheit, dass die wirklich aussagekräftigen Indikatoren eines Persönlichkeitsmerkmals verwendet wurden. Möglicherweise sind die Anzahl und Länge der Blickkontakte viel bessere Indikatoren für Freundlichkeit. Und drittens gibt es keine Beweise darüber, welche Persönlichkeitsmerkmale tatsächlich bedeutsam und allgemeingültig sind.

Merksatz

Jede wissenschaftliche Theorie über die Persönlichkeit muss begründen, welche Persönlichkeitsdimensionen relevant sind und anhand welcher Indikatoren auf diese Persönlichkeitsdimension geschlossen werden kann.

1.1.1 Definitionen von Persönlichkeit

Vielfalt von Definitionen

Gerade weil Persönlichkeit ein Konstrukt ist, kann es nicht eine allgemeingültige Definition geben. Vielmehr gab und gibt es viele unterschiedliche Definitionen. Bereits 1937 sammelte Gordon Allport an die 50 unterschiedlichen Persönlichkeitsdefinitionen, und die Zahl der Persönlichkeitstheorien und der damit verbundenen Versuche, das Konstrukt Persönlichkeit umfassend zu umschreiben, ist seitdem weiter gestiegen. Ein Versuch, alle diese Definitionen zu sammeln und zu vergleichen, ist uferlos und unterstreicht nur die vielfältigen Möglichkeiten, sich dem Thema „Persönlichkeit" wissenschaftlich zu nähern.

Daher gilt nach wie vor die Schlussfolgerung von Theo Herrmann (1991), dass es keine Einigkeit über den Gegenstand der Persönlichkeitsforschung gibt, dass mit dem Begriff „Persönlichkeit" höchst unterschiedliche Sachverhalte bezeichnet werden und dass außerdem die Definitionen der Persönlichkeit abhängig sind von dem psychologischen Grundverständnis oder der psychologischen Schule, der sie entstammen.

Schulenabhängigkeit der Definitionen

Eine lerntheoretisch fundierte Persönlichkeitstheorie definiert Persönlichkeit mit Hilfe von Reiz-Reaktions-Zusammenhängen (→ Kap. 2.6). Dagegen beschreibt eine Persönlichkeitstheorie, die Wesenszüge als die zentralen Dimensionen der Persönlichkeit auffasst, Persönlichkeit anhand solcher Wesenszüge (→ Kap. 2.5).

Beispiel

Beispielhaft für den letzten Fall ist etwa eine viel zitierte Definition von Joy Paul Guilford: „Die Persönlichkeit eines Individuums ist seine einzigartige Struktur von Wesenszügen (traits) ... Ein Trait ist jeder abstrahierbare und relativ konstante Wesenszug, hinsichtlich dessen eine Person von anderen Personen unterscheidbar ist." (1964, 6ff)

Das Konstrukt Persönlichkeit wird hier mit einem spezifischen, aus der Theorie entlehnten weiteren Konstrukt definiert, dem des Wesenszugs oder Traits. Diese Definition setzt jedoch voraus, dass es Wesenszüge gibt, die bei allen Menschen vorhanden sind, und dass jeder einzelne Wesenszug bei einem Menschen eine bestimmte Ausprägung hat. Das Ausprägungsmuster aller dieser Wesenszüge bei einem Menschen soll seine unverwechselbare, einzigartige Persönlichkeit ausmachen.

umschriebene Persönlichkeitsdefinitionen

Eine spezifische Persönlichkeitsdefinition wie die von Guilford legt recht präzise fest, wie Persönlichkeit vor dem Hintergrund eines bestimmten theoretischen Verständnisses verstanden werden soll. Damit hat sie aber auch nur Gültigkeit, wenn das theoretische Grundverständnis akzeptiert wird. Nimmt man jedoch nicht an, dass Wesenszüge den Kern der menschlichen Persönlichkeit ausmachen, dann ist die Definition nicht hilfreich bzw. überhaupt nicht akzeptabel.

weite Definitionen

Weniger festgelegt sind dagegen Definitionen, die die Persönlichkeit allgemeiner zu definieren versuchen. Auch diese Definitionen sind auf der Grundlage eines bestimmten theoretischen Grundverständnisses vom Menschen entstanden, aber sie legen weniger stark fest, welche Strukturen genau die menschliche Persönlichkeit ausmachen. Theo Herrmann etwa definiert, dass „die Persönlichkeit ein bei jedem Menschen einzigartiges, relativ überdauerndes und stabiles Verhaltenskorrelat ist" (1991, 25).

Bei dieser Definition liegt der Schwerpunkt darauf, dass von Persönlichkeit erst dann gesprochen werden kann, wenn Indikatoren der Persönlichkeit, die hier als „Verhaltenskorrelat" beschrieben werden, über lange Zeit hinweg und immer wieder auftreten. Das Muster der Verhaltenskorrelate macht die Einzigartigkeit eines Menschen aus. Wie genau die Verhaltenskorrelate beschaffen sind, erschließt sich nicht aus der Definition. Allerdings lässt sich daran, dass hier dem Verhalten und den mit ihm zusammenhängenden Phänomenen ein besonderer Platz eingeräumt wird, ein Rückschluss auf die Natur der dahinterliegenden theoretischen Grundposition ziehen.

Weite Persönlichkeitsdefinitionen sind vor allem dann nützlich, wenn die Vielfältigkeit der möglichen Zugänge zur Persönlichkeit berücksichtigt werden soll. Eine in diesem Sinne hilfreiche Definition ist folgende:

Definition

„Bei der Persönlichkeit geht es um jene Charakteristika oder Merkmale des Menschen, die konsistente Muster des Fühlens, Denkens und Verhaltens ausmachen." (Pervin et al. 2005, 31)

Hier wird ebenso wie bei Herrmann der überdauernde Aspekt der Persönlichkeit betont, es werden als wesentliche Bereiche der Persönlichkeit das Denken, Fühlen und Verhalten aufgeführt, aber es wird offengehalten, was genau zu den überdauernden Mustern führt. Die genannten „Charakteristika" können je nach Theorie etwas ganz anderes sein.

1.1.2 Inhalte der Differentiellen Psychologie

Die Differentielle oder Persönlichkeitspsychologie ist eine Unterdisziplin der Wissenschaft Psychologie: „... die empirische Wissenschaft von den überdauernden, nichtpathologischen, verhaltensrelevanten individuellen Besonderheiten von Menschen innerhalb einer bestimmten Population" (Asendorpf 2007, 10).

stabile individuelle Merkmale

Sie beschäftigt sich mit Merkmalen innerhalb der Person, die zumindest eine gewisse Stabilität aufweisen und nicht wie aktuelle Zustände auftreten und verschwinden – entsprechend der Definition von Persönlichkeit von Pervin et al. (2005). Sie zielt auf die Erfassung der Individualität und weniger auf die Erfassung allgemeiner Gesetzmäßigkeiten. Die Erfassung der Einzigartigkeit ist jedoch nicht wie bei der Klinischen Psychologie mit der extremen und damit pathologischen Ausprägung von Merkmalen verknüpft, sondern mit den Spielarten von Persönlichkeitsmerkmalen, die innerhalb einer bestimmten Gruppe oder Kultur als normal angesehen werden.

verhaltensrelevante Merkmale

Schließlich geht es um verhaltensrelevante Merkmale, denn Persönlichkeit kann sich immer nur im beobachtbaren oder berichtbaren Verhalten manifestieren. Dabei liegt ein weiter Verhaltensbegriff zugrunde, der innere Aktivitäten wie Gedanken und physiologische Reaktionen einschließt.

Inhalte umfassender wissenschaftlicher Persönlichkeitstheorien. Eine gute, d.h. nützliche, auf viele Phänomene anwendbare Theorie sollte Aussagen zu einer Reihe von Grundfragen zur Persönlichkeit liefern.

Persönlichkeitsstruktur

Eine Theorie der Persönlichkeit sollte Aussagen über die Strukturen oder Grundeinheiten der Persönlichkeit machen. Entsprechend dem hinter der Theorie stehenden Menschen- und Weltbild können diese Strukturannahmen sehr unterschiedlich sein und die Struktureinheiten können unterschiedlich konkret („Kontrollüberzeugungen") oder allgemeiner („Selbst") beschrieben werden. Zumeist sind mehrere Struktureinheiten notwendig, um ein so umfassendes Phänomen, wie die menschliche Persönlichkeit, erschöpfend zu beschreiben. Deshalb finden sich häufig noch Aussagen darüber, wie die Strukturelemente zueinander stehen, ob es z.B. Über- und Unterordnungen gibt.

Prozesse

Weiterhin sollte eine wissenschaftlich abgesicherte Persönlichkeitstheorie Annahmen enthalten, wie die Strukturen der menschlichen Persönlichkeit zusammenwirken, durch welche Mechanismen das Zusammenwirken gesteuert wird und durch welche Kräfte das menschliche Verhalten im Allgemeinen motiviert wird. Dies beinhaltet Vorstellungen darüber, wie Veränderungen innerhalb der Persönlichkeit stattfinden, welche Dynamik etwa die Persönlichkeitsentwicklung von der Kindheit bis zum Erwachsenenalter kennzeichnet. Im Zusammenhang mit den Aussagen zu den Bedingungen, die Veränderungen in der Persönlichkeit bewirken, sollte eine Persönlichkeitstheorie auch Hinweise darauf geben, wie angeborene Anteile und Umweltbedingungen in der Dynamik der Persönlichkeit zusammenwirken.

Psychopathologie

In vielen Persönlichkeitstheorien finden sich weiterhin Hinweise auf Bedingungen, die zu Störungen in der Persönlichkeitsstruktur oder in den Prozessen der Persönlichkeitsentwicklung führen können. Eine ganze Reihe von Persönlichkeitstheorien nahmen ihren Anfang in klinischen Beobachtungen, bei denen bestimmte Gesetzmäßigkeiten des beeinträchtigten Denkens, Fühlens und Handelns zu Rückschlüssen auf das Funktionieren der gesunden Persönlichkeit genutzt wurden.

Anwendbarkeit

Im klinischen und beraterischen Kontext liegt ein Aspekt der Praxisrelevanz von Persönlichkeitstheorien, denn Aussagen über das Zustandekommen von Störungen erlauben im Allgemeinen auch Aussagen darüber, wie solche Störungen behoben werden können. Viele Persönlichkeitstheorien haben darüber hinaus ihre Anwendbarkeit in einer ganzen Reihe von Kontexten (z. B. Leistung, Gesundheit / Krankheit) unter Beweis stellen können.

Erhebungsverfahren

Um eine Persönlichkeitstheorie in der Praxis anwenden zu können, ist es schließlich auch erforderlich, dass es auf der Grundlage der Theorie entwickelte Messverfahren gibt, die eine zuverlässige Erfassung der Persönlichkeit ermöglichen.

Eine Überprüfung der vorhandenen Persönlichkeitstheorien anhand dieser Merkmale erleichtert die Bewertung dahingehend, wie gut sie in der Lage sind, die menschliche Persönlichkeit zu beschreiben, zu erklären und stichhaltige Vorhersagen zu ermöglichen.

Übungsaufgaben

1 Was sind wesentliche Unterschiede zwischen den Alltagstheorien der Persönlichkeit und der wissenschaftlichen Persönlichkeitspsychologie?
2 Warum ist Persönlichkeit ein Konstrukt?
3 Welchen Vorteil bieten allgemein gehaltene Persönlichkeitsdefinitionen?
4 Was ist das Ziel von wissenschaftlichen Persönlichkeitstheorien?
5 Zu welchen Bereichen sollte eine umfassende wissenschaftliche Theorie der Persönlichkeit Aussagen machen?

Die Antworten finden Sie unter www.reinhardt-verlag.de.

1.2 | Geschichte der Differentiellen Psychologie

Überlegungen zur menschlichen Natur, zu den Merkmalen, die Menschen zu einzigartigen Wesen werden lassen, und zum Zusammenhang zwischen den körperlichen und seelischen Bedingungen sind vermutlich so alt wie die Menschheit selbst. Die Differentielle und Persönlichkeitspsychologie als Wissenschaft hat dagegen eine vergleichsweise kurze Geschichte.

Philosophische und medizinische Wurzeln. Vor der Entstehung der Psychologie als Wissenschaft waren es hauptsächlich die Philosophie und die Medizin, die sich mit der Struktur und den Prozessen der menschlichen Persönlichkeit beschäftigten.

Platon und Aristoteles

Philosophen wie Platon und Aristoteles entwickelten Ideen zur Herkunft und Beschaffenheit von Persönlichkeitseigenschaften. Platon ging davon aus, dass die Menschen bereits vor der Geburt verschiedene Fähigkeiten haben, aufgrund derer sie unterschiedlichen gesellschaftlichen Ständen zugeteilt werden sollten. Die Zugehörigkeit zu einem Stand sollte nicht durch die Herkunft, sondern durch die persönlichen Fähigkeiten begründet sein. Aristoteles betonte den engen Zusammenhang zwischen Körper und Seele. Besonderheit der menschlichen Natur im Vergleich zu anderen Lebewesen sind die intellektuellen Fähigkeiten wie das schlussfolgernde Denken und die Fähigkeit zu Vernunft und Erkenntnis. Er nahm auch einige methodische Forderungen der empirischen Wissenschaft vorweg. Bei der Untersuchung des Zusammenhangs zwischen der körperlichen Beschaffenheit und der Seele sollten keine Schlussfolgerungen aus Einzelfällen vorgenommen, sondern das Gemeinsame vieler Fälle verglichen werden, um allgemeingültige Gesetzmäßigkeiten zu finden.

antike Persönlichkeitstypologien

Die aristotelische Vorstellung der wechselseitigen Abhängigkeit von Körper und Seele finden sich ebenfalls in den Schriften der antiken Ärzte wie Hippokrates und Galen.

Beispiel

In der Humoraltheorie wird eine Persönlichkeitstypologie beschrieben, in der vier verschiedene Grundtypen der Persönlichkeit – Sanguiniker, Phlegmatiker, Melancholiker und Choleriker – mit dem Verhältnis der vier Grundkörpersäfte – Blut, gelbe Galle, schwarze Galle und Schleim – in Verbindung gebracht wurden.

Diese Typologie wurde ebenso wie die anderen antiken Vorstellungen vom Wesen des Menschen und der menschlichen Natur in den folgenden Jahrhunderten wieder aufgegriffen. Insbesondere ab dem 16. Jahrhundert entstand ein steigendes Interesse an der Individualität der einzelnen Person und den Unterschieden zwischen den Menschen.

Phrenologie

So entwickelte sich die Phrenologie als Spezialgebiet der Medizin mit dem Ziel, Charaktereigenschaften mit bestimmten Hirnarealen sowie Schädel- und Gehirnformen in Zusammenhang zu bringen. Dieser Ansatz wurde später u.a. von dem italienischen Kriminologen Cesare Lombroso weitergeführt, der Kriminalität als erbliches Persönlichkeitsmerkmal ansah, welches anhand spezifischer Körperdefekte erkennbar sein sollte.

Persönlichkeitspsychologie als Teilbereich der wissenschaftlichen Psychologie im 19. Jahrhundert. Im Laufe des 19. Jahrhunderts entstand durch die zunehmende Industrialisierung ein steigender Bedarf an Diagnostik, um eine Übereinstimmung zwischen den Anforderungen des Ausbildungs- oder Arbeitsplatzes und den Fähigkeiten der Person herzustellen.

Entwicklung diagnostischer Verfahren

Der Psychologie wurde die Aufgabe gestellt, Methoden der Leistungs- und Intelligenzdiagnostik zu entwickeln. Francis Galton versuchte, Zusammenhänge zwischen der Intelligenz und den Sinnesleistungen, etwa dem optischen und akustischen Unterscheidungsvermögen, herzustellen. James McKeen Cattell, der zeitweise mit Galton zusammenarbeitete, führte den Begriff „mental test" in die Psychologie ein und legte eine Reihe von Intelligenz- und Leistungstests vor. In Frankreich entwickelte Alfred Binet im Auftrag des französischen Kultusministeriums einen Test zur Messung der geistigen Fähigkeiten eines Kindes im Vergleich zu seiner Altersgruppe (→ Kap. 3.1.2).

gesellschaftliche Umbrüche

Durch gesellschaftliche Umbrüche, vor allem den Ersten Weltkrieg, entstand ein noch größerer Bedarf nach Diagnostik individueller Unterschiede. So diente etwa das „personal data sheet" von Robert Woodworth dazu, Rekruten zu identifizieren, die aufgrund ihrer Persönlichkeit ungeeignet für den Kriegsdienst waren.

Impulse durch die Psychiatrie

Auch die Psychiatrie und andere Bereiche der Psychologie lieferten wichtige Impulse zur Entwicklung der Differentiellen Psychologie als eigenständigem Gebiet. So beschäftigten sich Psychiater wie Jean-Martin Charcot und Pierre Janet mit Erkrankungen ohne unmittelbare organische Ursachen und untersuchten dabei Phänomene wie Suggestibilität und Dissoziation. Beeinflusst von ihren Beobachtungen entwarf Sigmund Freud seine Konzeption der menschlichen Persönlichkeit. Freuds Ideen werden häufig als Beginn der wissenschaftlichen Persönlichkeitspsychologie verstanden, weil er zum ersten Mal eine komplexe Theorie zur vollständigen Erklärung der Strukturen und Prozesse der menschlichen Persönlichkeit entwarf.

weitere Entwicklungsimpulse

Darüber hinaus hat die philosophisch bzw. experimentell geprägte Psychologie des ausgehenden 19. Jahrhunderts wichtige Entwicklungsimpulse gegeben. William James etwa prägte den Begriff des „Selbst“ als Kernstruktur der Persönlichkeit und nahm außerdem eine Unterscheidung von Personen anhand ihrer Temperamentsmerkmale vor, die er „tough-minded“ und „tender-minded“ nannte. Die Verbindung von biologischen und psychischen Persönlichkeitsmerkmalen war das Anliegen von William McDougall. Menschen sind nach seinem Verständnis mit biologischen Instinkten ausgestattet, die im Laufe der individuellen Lerngeschichte durch verschiedene Reize ausgelöst werden können und mit jeweils unterschiedlichem Verhalten umgesetzt werden. Die Individualität der auslösenden Reize und der Reaktionen sind nach McDougall wesentliche Quellen der Persönlichkeitsunterschiede im Erwachsenenalter. Ein wichtiger und früher Vertreter der Differentiellen Psychologie in Deutschland war William Stern (Deutsch 1996; s. Kasten 1.1).

Kasten 1.1

William Stern als Begründer der Differentiellen Psychologie

Im Bereich der Intelligenzforschung entwickelte Stern eine neuartige Berechnung zur Kennzeichnung der Höhe des intellektuellen Leistungsvermögens, den Intelligenzquotienten. Sehr früh beschäftigte er sich mit dem methodischen Vorgehen in der Differentiellen Psychologie. In seinem 1911 erschienenen Buch „Die Differentielle Psychologie in ihren methodischen Grundlagen“ beschreibt er verschiedene Forschungszugänge der Persönlichkeitspsychologie (→ Kap. 1.3). Mit diesen Unterscheidungen begründete er eine Systematik der persönlichkeitspsychologischen Forschungsmethoden, die bis heute anwendbar ist.

Differentielle Psychologie als eigenständige Disziplin. In den 20er und 30er Jahren des 20. Jahrhunderts kam es zu einer rasanten Entwicklung des Faches. In kurzer Folge wurden mehrere Grundlagenwerke zur Persönlichkeitspsychologie veröffentlicht.

Allport und Stagner

So kamen zwei Bücher im gleichen Jahr, 1937, auf den Markt: Gordon Allports „Personality: A psychological interpretation“ und Ross Stagners

„Psychology of personality". Beide Autoren hatten das Ziel, Erkenntnisse zur Persönlichkeitspsychologie zu systematisieren, jedoch aus unterschiedlichen Blickwinkeln. Für Allport war das Studium des einzelnen Menschen der angemessene Zugang der Persönlichkeitspsychologie. Stagner dagegen versuchte eine gründliche Analyse der sozialen Bedingungen, die den einzelnen Menschen umgeben und ihn in seinen Handlungen beeinflussen. Damit war er stärker an den Ideen der Lerntheorie orientiert.

Skinner und Freud

Lerntheoretiker wie Burrhus Skinner verstanden die Persönlichkeit als erlerntes Verhaltensmuster. Um das Verhalten einer Person vorhersagen zu können, sind demnach keine Kenntnisse über innere Persönlichkeitsstrukturen, sondern Wissen über die für diese Person wichtigen Verstärkungsbedingungen erforderlich. Gleichzeitig existierte die durch Freud begründete psychodynamische Sicht auf die Persönlichkeit weiter: Es gab ein Nebeneinander verschiedener Perspektiven auf die Persönlichkeit.

Anwendungen im 2. Weltkrieg

Daneben wurden auch in der folgenden Zeit die Erkenntnisse der Differentiellen Psychologie gesellschaftlich genutzt, wiederum häufig ausgelöst von Umbruch- und Krisensituationen. So wurde in Amerika im Zweiten Weltkrieg das „Office of Strategic Services" gegründet, für das einige der bedeutenden Persönlichkeitspsychologen jener Zeit arbeiteten. Ihre Aufgabe war die Entwicklung von Methoden zur Messung komplexer Persönlichkeitsmerkmale, um etwa bei potenziellen Agenten Verhaltensvorhersagen unter Hochstressbedingungen zu machen.

Pluralität von Zugängen

Teils parallel, teils in der folgenden Zeit wurden weitere Zugänge zur Persönlichkeit wie die humanistischen, konstruktivistischen, wesenszugorientierten oder sozial-kognitiven Persönlichkeitstheorien entwickelt, die bis heute Gültigkeit haben.

Literatur

McAdams, D. P. (1997). A conceptual history of personality psychology. In R. Hogan, J. Johnson & S. Briggs (Eds.), Handbook of personality psychology (pp. 3–39). San Diego: Academic Press.

Pekrun, R. (1996). Geschichte von Differentieller Psychologie und Persönlichkeitspsychologie. In K. Pawlik (Hrsg.), Enzyklopädie der Psychologie, Themenbereich C, Theorie und Forschung, Serie VIII Differentielle Psychologie und Persönlichkeitsforschung, Bd. 1 Grundlagen und Methoden der Differentiellen Psychologie (S. 83–123). Göttingen: Hogrefe.

Übungsaufgaben

1 Warum kann die Lehre der antiken Ärzte wie Hippokrates und Galen als Vorläufer der Persönlichkeits- und Differentiellen Psychologie verstanden werden?
2 Durch welche gesellschaftlichen Entwicklungen und Umbrüche wurde die Psychologie allgemein und damit auch die Differentielle Psychologie gefördert?
3 Durch welche wissenschaftlichen Disziplinen wurde die Psychologie im 19. Jahrhundert geprägt?
4 Wie lässt sich die Differentielle und Persönlichkeitspsychologie heute charakterisieren?

Die Antworten finden Sie unter www.reinhardt-verlag.de.

1.3 | Messung der Persönlichkeit

Merksatz

(1) Wissenschaftliche Theorien formulieren ihre *Annahmen explizit*, so dass diese von verschiedenen unabhängigen Personen nachvollzogen werden können.

(2) Wissenschaftliche Theorien müssen widerspruchsfreie und *logisch konsistente Aussagen* bzw. Vorhersagen treffen.

Persönlichkeitseigenschaften wie Freundlichkeit, soziale Neugier, Extraversion oder Intelligenz haben etwas gemeinsam: Wir können sie nicht einfach mit unseren Sinnen erfassen, es sind Konstrukte (→ Kap. 1.1). Da die Persönlichkeit nicht direkt von uns beobachtet werden kann, müssen wir sie anhand anderer, uns zugänglicher Informationen erschließen. Dies tun wir intuitiv in unserem Alltag, wenn wir annehmen, dass eine Person, die viel lächelt (Beobachtung) wohl im Allgemeinen auch freundlich ist (erschlossene Eigenschaft).

Merkmale wissenschaftlicher Theorien

Wissenschaftliche Theorien dagegen machen spezifischere Aussagen zum Zusammenhang zwischen Beobachtbarem und dem zu erschließenden Persönlichkeitsmerkmal. Der Unterschied zwischen Alltagstheorien und wissenschaftlichen Theorien zur Persönlichkeit besteht dabei im Wesentlichen in vier Punkten (→ Kap. 1.1).

Beispiel

So nimmt beispielsweise eine der wichtigsten Eigenschaftstheorien, das Fünf-Faktoren-Modell der Persönlichkeit (→ Kap. 2.5), an, dass eine hohe

Ausprägung von Besorgtheit auch mit einer hohen Ausprägung an Nervosität und Gefühlsschwankungen einhergeht und diese Eigenschaften deshalb gebündelt werden können zu der Eigenschaft Neurotizismus. Diese Annahme kann nun empirisch in verschiedenen Stichproben von Personen geprüft werden. Falls sich dieser Zusammenhang, entgegen der aus der Theorie abgeleiteten Hypothesen, nicht zeigt, dann muss die Theorie entsprechend verändert werden.

Alltagstheorien dagegen weisen häufig Widersprüche auf, da sie der jeweiligen Situation angepasst werden (z.B. wenn das gleiche unhöfliche Verhalten bei verschiedenen Personen unterschiedlich interpretiert wird).

Die Voraussetzung für eine wissenschaftlich fundierte Psychologie der Persönlichkeit ist somit, dass die Persönlichkeitsmerkmale, Eigenschaften sowie die zugrunde liegenden Prozesse empirisch überprüft, d.h. **gemessen** werden können. Entsprechend der verschiedenen Zugänge in der Persönlichkeitsforschung gibt es verschiedene Ansätze zur Messung der Persönlichkeit. Diese Ansätze können sich in der grundlegenden Art des methodischen Zugangs und in der Art der Datengewinnung unterscheiden.

Merksatz

(3) Wissenschaftliche Theorien *trennen zwischen dem, was beobachtet* bzw. gemessen *wird* (Lächeln oder Testwert in einem Intelligenztest) *und der Interpretation* dieser gewonnenen Daten (die Person ist freundlich bzw. ist hochbegabt).

(4) Wissenschaftliche Theorien müssen sich *empirisch bewähren*, d. h. die postulierten Zusammenhänge müssen idealerweise anhand verschiedener Messmethoden, Stichproben und in verschiedenen Situationen nachweisbar sein.

1.3.1 Art des methodischen Zugangs

William Stern (1911) wurde bereits in Kapitel 1.2 als einer der Begründer der Differentiellen Psychologie beschrieben. Auf ihn geht die Unterscheidung von vier verschiedenen methodischen Zugängen zur Untersuchung von Persönlichkeitseigenschaften zurück.

Unterschiede zwischen Personen

Der **Variationsansatz** beschreibt die Unterschiede zwischen Personen hinsichtlich eines Merkmals, wie z.B. Intelligenz oder sozialer Neugier (s. Abb. 1.1). Hierbei wird angenommen, dass alle Menschen dieses Merkmal aufweisen, jedoch in einer unterschiedlich hohen Ausprägung.

Zusammenhang zweier Merkmale

Der **Korrelationsansatz** erweitert diese Perspektive, indem der Zusammenhang zwischen zwei verschiedenen Merkmalen betrachtet wird. Der Korrelationsansatz untersucht damit die Art des Zusammenhangs

Abb 1.1

Verteilung der Testwerte für soziale Neugier von insgesamt 312 Personen

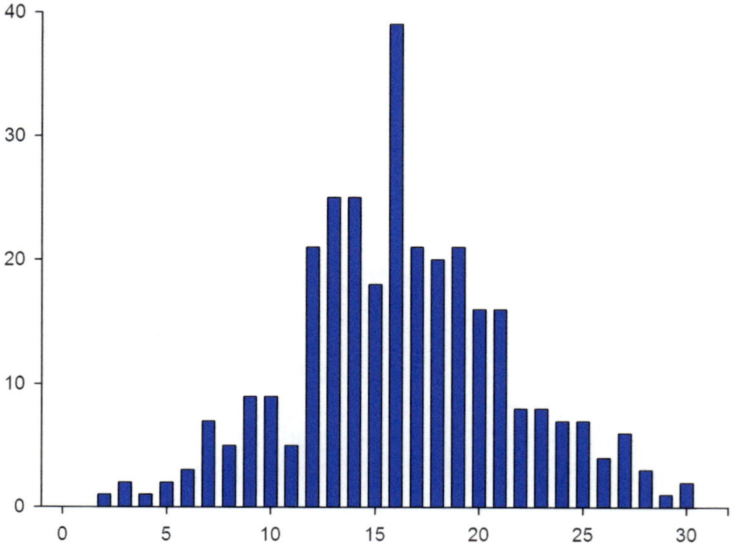

zweier Merkmale (die Kovariation, d.h. ob sich die zwei Merkmale in regelhafter Weise gleichsinnig verändern) über viele Personen hinweg.

Beispiel

Eine aktuelle Frage ist beispielsweise, wie hoch der Zusammenhang zwischen **allgemeiner Intelligenz** und **Ausbildungserfolg** ist. Wenn ein perfekter Zusammenhang vorliegen würde, dann wäre die Rangordnung der Personen für beide Merkmale identisch: Die Person mit dem höchsten Intelligenzwert würde dann auch den besten Ausbildungserfolg aufweisen und die Person mit dem zweitbesten Intelligenzwert den zweitbesten Ausbildungserfolg usw.

Studie

Zur Untersuchung dieses Zusammenhangs zwischen Intelligenz und Ausbildungserfolg wurde bei 646 jungen Erwachsenen einer Firma aus der chemischen Industrie zu Beginn ihrer Berufsausbildung die allgemeine Intelligenz (g; → Kap. 3.1.2) mit Hilfe des **Wilde-Intelligenz-Tests (WIT)** gemessen (Schmidt-Atzert et al. 2004). Rund drei Jahre später wurde das

Ergebnis der Abschlussprüfung erfasst. Die Abbildung 1.2 zeigt die Kovariation zwischen Allgemeiner Intelligenz (WIT-Wert) und der Punktzahl in der Abschlussprüfung. Die Intelligenz ist in Standardwerten (mit einem Mittelwert von 100 IQ-Punkten und einer mittleren Abweichung von diesem Mittelwert von 10 Punkten) dargestellt. Die Abschlussprüfungsleistung konnte von 0–100 variieren, wobei 92 Punkte und mehr eine sehr gute Leistung anzeigen, 91–81 Punkte eine gute Leistung, 80–67 Punkte eine befriedigende, 66–50 Punkte eine ausreichende und Werte unter 50 Punkten eine mangelhafte Leistung. Die Abbildung zeigt, dass erwartungsgemäß eine hohe Intelligenz auch mit einer hohen Punktzahl in der Abschlussprüfung einhergeht. Ferner wird deutlich, dass Personen mit einer durchschnittlichen Intelligenz (WIT = 100 ± 10) eher eine niedrige Punktzahl in der Abschlussprüfung erreichten.

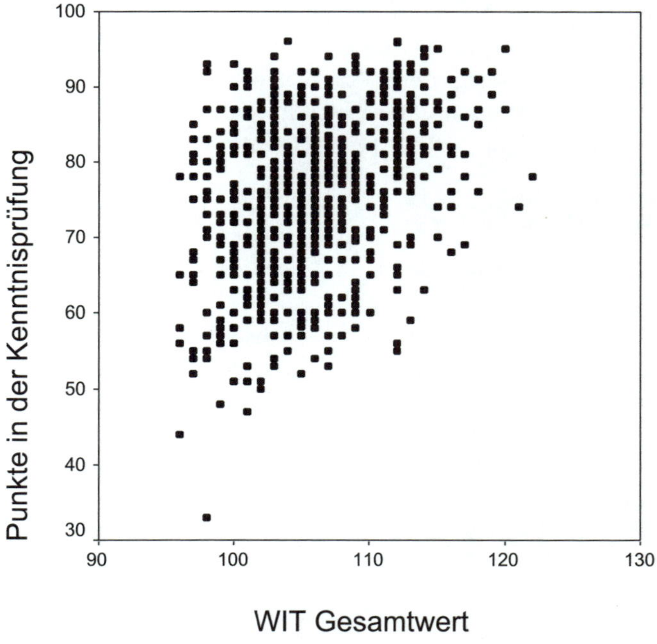

Abb 1.2

Zusammenhang Allgemeine Intelligenz (WIT-Gesamtwert) und Punktzahl in der Abschlussprüfung (Schmidt-Atzert et al. 2004, 153)

Die Eigenschaftstheorien (→ Kap. 2.5) basieren überwiegend auf dem Korrelationsansatz. Die Untersuchungen zum Fünf-Faktoren-Modell der

Fünf-Faktoren-Modell

Persönlichkeit beispielsweise stützen sich in erster Linie auf Befragungen von Hunderten von Personen, denen ein bestimmtes Set an Adjektiven (z.B. lebhaft – ruhig) oder Aussagen (z.B. „Ich habe gerne viele Leute um mich") vorgelegt wurde. Diejenigen Einschätzungen, die in regelhafter Weise miteinander zusammenhängen (also etwa Einschätzungen von Geselligkeit und Aktivität), werden mit Hilfe statistischer Verfahren (Faktorenanalysen) zu breiteren Persönlichkeitsdimensionen zusammengefasst – in dem Beispiel etwa zu der Persönlichkeitsdimension „Extraversion". Anhand dieser Methode wurden viele der heute gängigen Fragebogen zur Persönlichkeit, wie z.B. der 16-PF-R, entwickelt.

Persönlichkeitsprofil

Der Ansatz der **Psychografie** betrachtet hingegen nur eine Person, dafür aber sehr viele Merkmale dieser einen Person, z.B. verschiedene Bereiche ihrer Fähigkeiten und typische Stimmungslagen. In diesem Fall erhält man ein Persönlichkeitsprofil, d.h. Unterschiede in den Ausprägungen der einzelnen Merkmale innerhalb einer Person. Individuelle Persönlichkeitsprofile entsprechen wohl am ehesten dem Alltagsverständnis von der Individualität einer Person.

personenzentrierte Verfahren

Die konstruktivistische Persönlichkeitsforschung beispielsweise entwickelte personenzentrierte Verfahren, um die persönlichen Konstrukte einer Person zu erfassen (→ Kap. 2.4). Auch das Q-Sort-Verfahren, das von William Stephenson 1953 entwickelt wurde und heute noch häufig angewendet wird, zählt zu den personenzentrierten Verfahren (s. Kasten 1.2).

Kasten 1.2

Q-Sort-Verfahren

Beim Q-Sort werden einer Person viele Kärtchen mit je einer Eigenschaftsbeschreibung (z.B. freundlich, ängstlich) vorgelegt. Die Person soll dann alle Eigenschaften danach sortieren, wie typisch diese für sie selbst sind. Der „Riverside Behavioral Q-Sort", der von David Funder entwickelt wurde, enthält beispielsweise 64 Kärtchen, die von den Urteilern in neun verschiedene Kategorien (entsprechend der Ähnlichkeit oder Unähnlichkeit zur eigenen Person) in Form einer Normalverteilung sortiert werden (deutsche Version von Spinath/Spinath 2004).

Persönlichkeitstyp

Der **Komparationsansatz** baut auf dem psychografischen Ansatz auf, indem die Ähnlichkeit zwischen Persönlichkeitsprofilen zweier Personen betrachtet wird. Durch den Vergleich vieler Profile können Personen nach der Gestalt ihres Persönlichkeitsprofils klassifiziert und zu Persönlichkeitstypen zusammengefasst werden. So könnte man etwa Personen, die eine hohe soziale Neugier und eine geringe soziale Ängstlichkeit aufweisen, zu einem gemeinsamen Persönlichkeitstyp zusammenfassen.

merkmals- vs. personenzentriert

Sowohl der Variationsansatz als auch der Korrelationsansatz sind merkmalszentrierte Ansätze. Von jeder Person werden nur wenige ausgewählte Merkmale erhoben, der Fokus liegt auf dem Vergleich zwischen den Merkmalsausprägungen vieler Menschen bzw. Gruppen von Menschen (z. B. „Ist der Zusammenhang zwischen allgemeiner Intelligenz und Ausbildungserfolg für Männer und Frauen unterschiedlich?") und dem Aufdecken von generalisierbaren Zusammenhängen. Die Psychografie und der Komparationsansatz sind hingegen personenzentrierte Ansätze, denn sie fokussieren auf eine Person oder wenige Personen und deren Ausprägung über viele Persönlichkeitsmerkmale hinweg. Hier wird somit eher der Einzelfall in seinen verschiedenen Facetten dokumentiert. In der aktuellen Persönlichkeitsforschung werden beide Formen von Ansätzen kombiniert.

1.3.2 Art der Datenerhebung

Methodenvielfalt

In der wissenschaftlichen Persönlichkeitsforschung werden Persönlichkeitsmerkmale anhand ganz unterschiedlicher Daten bzw. Indikatoren erschlossen.

Interview und Fragebogen

Selbstberichte. Der einfachste Weg zur Persönlichkeit einer Person besteht darin, sie nach ihren Gedanken, Gefühlen, Motiven oder Handlungen zu fragen. Deshalb ist die Befragung die am häufigsten angewendete Selbstberichtsmethode zur Erfassung von Persönlichkeitseigenschaften. Grundsätzlich kann hier unterschieden werden zwischen der mündlichen Interview- und der schriftlichen Fragebogentechnik. Schriftliche Befragungen werden im Allgemeinen als anonymer erlebt, was die Tendenz verringert, sozial erwünscht zu antworten. Auch aus Gründen der Ökonomie werden Selbstberichte zumeist durch Fragebogen erhoben (s. Kasten 1.3).

Kasten 1.3

Konstruktionsprinzipien von Persönlichkeitsfragebogen

Persönlichkeitsfragebogen oder -inventare sollen bestimmte Merkmale messen. Dazu werden in der Regel den Befragten mehrere Aussagen, Beschreibungen oder Adjektive (= Items) vorgegeben, die sich auf die betreffende Eigenschaft beziehen (z.B. „Ich habe gerne viele Leute um mich herum"). Die Befragten sollen dann einschätzen, inwieweit diese Aussagen auf sie selbst zutreffen.

Damit die Angaben von unterschiedlichen Personen vergleichbar sind, werden zusätzlich die Antwortmöglichkeiten vorgegeben. Das einfachste Antwortformat besteht aus zwei Wahlmöglichkeiten (z.B. stimmt – stimmt nicht). Für die Erhebung differenzierterer Aussagen werden häufig mehrfach abgestufte Antwortformate (stimmt nicht, stimmt kaum, stimmt eher, stimmt genau) verwendet. Jeder Antwortalternative wird für die Messung eine entsprechende Zahl zugeordnet (z.B. stimmt = 1; stimmt nicht = 0 usw.). Die gewählte Antwort entspricht dann einem einzelnen Datum einer Person.

Persönlichkeitseigenschaften werden nicht nur anhand einer einzelnen Frage bzw. eines einzelnen Datums erfasst, sondern anhand mehrerer Fragen bzw. Daten. Diese werden dann zu einem Skalenwert zusammengefasst (z.B. durch Aufsummieren der verschiedenen Antworten). Die Verwendung von mehreren Fragen zur Erfassung eines Aspekts der Persönlichkeit hat den Vorteil, dass die Messung genauer und zuverlässiger wird. Aus den Skalenwerten verschiedener Persönlichkeitsskalen (Neugier, Ängstlichkeit) kann dann ein Persönlichkeitsprofil erstellt werden.

Beispiel

Erwachsene unterscheiden sich in ihrem Erleben und Ausdruck von Neugier. Aktuelle Neugierinventare (z.B. von Litman/Spielberger 2003 und Renner 2006) unterteilen dabei verschiedene Formen von Neugier (→ Kap. 3.1.1) und enthalten Items, die diese verschiedenen Formen repräsentieren (s. Tab. 1.1): Items 1 und 2 erfassen die generelle soziale Neugier, Items 3 und 4 die verdeckte soziale Neugier, Items 5 und 6 die spezifische epistemische (erkenntnisbezogene) Neugier und Items 7 und 8 die diversive epistemische Neugier.

In den genannten Neugierinventaren werden diese vier verschiedenen Aspekte der Neugier mit Hilfe von je fünf Items erfasst, die zu Skalen zusammengerechnet werden. Die Ausprägungen der vier Aspekte bzw. Skalen können dann als Profil (entweder einer Person oder einer Gruppe) dargestellt und mit anderen Profilen verglichen werden (s. Abb. 1.3).

Neugierinventar | Tab. 1.1

Item	Stimmt nicht (1)	Stimmt kaum (2)	Stimmt eher (3)	Stimmt genau (4)
1. Ich interessiere mich für Menschen.				
2. Es interessiert mich herauszufinden, wie andere Menschen „ticken".				
3. Während einer Bahnfahrt höre ich gerne den Gesprächen anderer Personen zu.				
4. Ich stehe gerne mal am Fenster und beobachte, was bei den Nachbarn passiert.				
5. Wenn man mir eine neue Art von Rechenaufgabe gibt, habe ich Spaß daran, mir Lösungen zu überlegen.				
6. Wenn mir jemand ein Rätsel gibt, bin ich daran interessiert, es zu lösen.				
7. Es macht mir Spaß, neue Ideen zu verfolgen.				
8. Es macht mir Spaß, abstrakte Ideen zu diskutieren.				

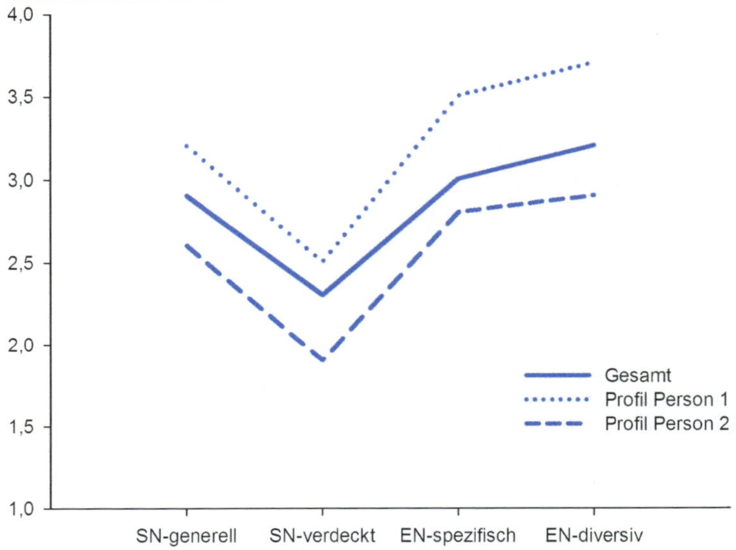

Abb 1.3

Neugierprofile; Gesamt = mittlere Skalenwerte für die Gesamtstichprobe; Person 1 (2) = mittlere Skalenwerte für Person 1 (bzw. Person 2); SN-generell = Generelle soziale Neugier; SN-verdeckt = Verdeckte soziale Neugier; EN-spezifisch = Spezifische epistemische Neugier; EN-diversiv = Diversive epistemische Neugier ein- vs. mehrdimensional

Ein wesentliches Beschreibungsmerkmal von Persönlichkeitsfragebogen ist die Anzahl der Eigenschaften, die durch sie erfasst werden. Es gibt Fragebogen, die eine Eigenschaft (z.B. Neugier) in ihren verschiedenen Facetten messen. Andere Fragebogen wurden mit dem Ziel entwickelt, möglichst viele relevante Dimensionen der Persönlichkeit zu erheben, um so die Gesamtpersönlichkeit eines Menschen abbilden zu können. Ein aktueller mehrdimensionaler Fragebogen ist der NEO-PI-R (Ostendorf/Angleitner 2004), der die Dimensionen des Fünf-Faktoren-Modells der Persönlichkeit (→ Kap. 2.5) erfasst.

Vorteile von Fragebogen

Der Vorteil von Fragebogen als Methode der Datenerfassung liegt in der Objektivität hinsichtlich der Durchführung, Auswertung und Interpretation. Es ist möglich, für alle Befragten eine vergleichbare Befragungssituation herzustellen, so dass situative Einflüsse auf das Antwortverhalten für alle Personen konstant gehalten und damit kontrolliert werden. Dies ist ein wesentlicher Unterschied zum Interview als methodischem Zugang zu Selbstberichten, denn die Interaktion zwischen dem Interviewer und dem Interviewten kann ein Störfaktor sein (etwa wenn sich die Interviewpartner unsympathisch finden) und Einfluss auf die Inhalte des Selbstberichts nehmen.

Ferner verfügen standardisierte Verfahren wie der NEO-PI-R über klar definierte Regeln für die Auswertung und auch Interpretation der Testwerte. Darüber hinaus ist es ein sehr ökonomisches Verfahren – innerhalb einer sehr kurzen Zeit können sehr viele Daten von vielen Personen vergleichsweise kostengünstig erfasst werden. Auch dies unterscheidet Fragebogen- und Interviewtechniken.

Fremdberichte. Eine weitere Form der Datengenerierung zur Erfassung von Persönlichkeitsmerkmalen besteht darin, andere Personen wie Bekannte oder Freunde um eine Einschätzung der zu beurteilenden Person zu bitten. Auch hierbei werden, aufgrund der oben beschriebenen Vorteile, zumeist Fragebogen verwendet.

Prüfung von Selbstberichten

Diese Fremdberichtsmethode wird häufig angewendet, um Selbstbeschreibungsverfahren zu validieren. In der Regel werden den Urteilern die gleichen Inhalte vorgelegt, wobei die Items entsprechend umformuliert werden. Statt der Selbstaussage „Ich interessiere mich für Menschen" wird dann entsprechend die Fremdaussage „Sie/er interessiert sich für Menschen" bewertet. Fremdeinschätzungen bieten den Vorteil, dass man eine zweite, ebenfalls relativ ökonomisch erfassbare Perspektive erhält.

Studie

Empirisch lässt sich häufig eine hohe Übereinstimmung zwischen der Selbst- und Fremdeinschätzung nachweisen. Neyer et al. (1999) untersuchten 108 Zwillingspaare mit einem Durchschnittsalter von 71 Jahren. Es handelt sich hier also um Personen, die sich seit sehr langer Zeit kannten. Die Zwillingspaare zeigten in Bezug auf die erhobenen Persönlichkeitsmerkmale eine mittlere Übereinstimmung (Konvergenz) von r = .48, d.h. eine substanzielle Ähnlichkeit von Selbst- und Fremdbericht.

Zusammenhang Selbst- vs. Fremdeinschätzung

Die Höhe des Zusammenhangs zwischen Selbst- und Fremdeinschätzung wird von verschiedenen Faktoren beeinflusst. Generell ist die Übereinstimmung höher für gut beobachtbare Eigenschaften wie Freundlichkeit als für schlechter beobachtbare Eigenschaften wie Ängstlichkeit. Ferner werden Personen, die in vielen Situationen ein ähnliches Verhalten zeigen, von Fremdbeurteilern genauer eingeschätzt. Gleiches gilt für Personen mit einem hohen allgemeinen Aktivitätsniveau und/oder vielfältigeren Verhaltensweisen, die als Indikatoren für ein Persönlichkeitsmerkmal dienen können (Funder 1999).

Kasten 1.4

Das Linsenmodell

Das bis heute einflussreichste Modell zur Erklärung der Konvergenz zwischen Selbsteinschätzungen und Fremdeinschätzungen ist das Linsenmodell von Egon Brunswik (s. Abb. 1.4). Es beschreibt differenziert, welche Prozesse bei der Erschließung einer Persönlichkeitseigenschaft durch einen Fremdbeurteiler wesentlich sind.

Eine Eigenschaft ist ein Konstrukt und damit für Fremdbeurteiler nicht direkt beobachtbar, sondern sie muss anhand beobachtbarer Hinweisreize („Cues") erschlossen werden. Solche Cues können beispielsweise verbale und nonverbale Verhaltensweisen oder physische Merkmale der zu beurteilenden Person (Zielperson oder „Target") sein. Verschiedene Cues kovariieren mit dem Persönlichkeitsmerkmal in unterschiedlichem Ausmaß, haben also einen jeweils unterschiedlichen regelhaften Zusammenhang mit dem Merkmal. Besteht ein enger Zusammenhang zwischen einer Eigenschaft und einem Cue, dann ist dieser

Cue ein guter, d.h. valider Hinweisreiz für die Eigenschaft. Die möglichen Cues für eine Eigenschaft unterscheiden sich damit in ihrer Validität. Eine hohe Konvergenz, d.h. eine hohe Übereinstimmung, zwischen Selbst- und Fremdurteil besteht dann, wenn der Urteiler sowohl die validen Cues identifiziert und diese auch entsprechend ihrer Bedeutung bzw. Validität gewichtet. Die Identifizierung und Gewichtung der Cues wird von Brunswik unter dem Begriff „Cue-Nutzung" zusammengefasst.

Abb 1.4

Linsenmodell nach Egon Brunswik

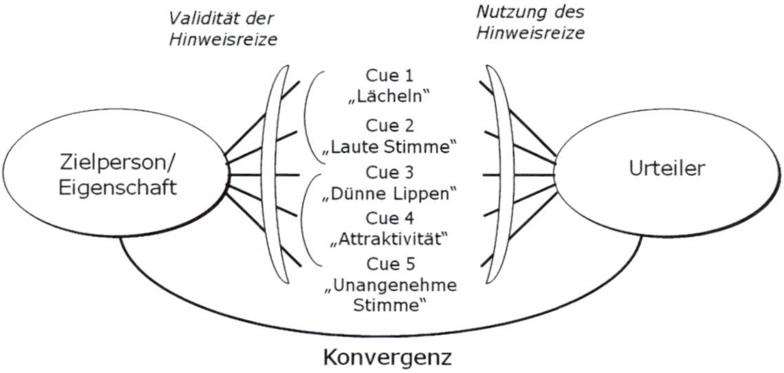

Studie

Borkenau und Liebler (1992) untersuchten auf der Grundlage des Linsenmodells die Konvergenz zwischen Selbst- und Fremdbericht sowie die Cue-Nutzung von Fremdbeurteilern: Sie baten 100 Probanden einen Raum zu durchqueren, sich an einen Tisch zu setzen und den Wetterbericht vorzulesen. Dies dauerte im Durchschnitt 90 Sekunden und wurde auf Video aufgenommen. Ferner füllten diese „Targets" einen Fragebogen zur Selbstbeurteilung von Persönlichkeitsdimensionen aus, u.a. von Extraversion. Extraversion äußert sich in sozialer Aufgeschlossenheit, Aktivität und Interesse an vielfältigen intensiven Sinneseindrücken.

Diese 100 Videoaufnahmen wurden wiederum 24 Urteilern vorgeführt, die den Targets vorher nie begegnet waren. Anschließend bewerteten sie die Persönlichkeit der Targets anhand des gleichen Fragebogens wie die Targets selbst (in der entsprechenden Fremdbeurteilungsversion). Zusätzlich schätzten die Urteiler 45 vorgegebene physische

Merkmale der Targets (= Cues) ein, die Verhaltensweisen wie Häufigkeit des Lächelns, spezifische Merkmale wie dünne Lippen und allgemeine Cues wie die Attraktivität oder den Klang der Stimme usw. umfassten.

Für die Eigenschaft Extraversion ergab sich eine Korrelation zwischen Selbst- und Fremdeinschätzung von r = .51. Es bestand damit eine hohe Konvergenz zwischen beiden Perspektiven, obwohl den Urteilern nur eine geringe Informationsbasis zur Verfügung stand.

Um darüber hinaus die Cue-Nutzung der Urteiler abzubilden, wurde der Zusammenhang zwischen ihrer Einschätzung der Eigenschaftsdimension „Extraversion" und ihrer Bewertung der 45 physischen Merkmale, d. h. den Cues, berechnet. Für den allgemeinen Cue „Attraktivität" zeigte sich beispielsweise ein signifikanter positiver Zusammenhang – attraktive Targets wurden als extravertierter eingeschätzt. Ferner wurden auch Verhaltensweisen, und dabei insbesondere „häufiges Lächeln", von den Urteilern als Cue für Extraversion genutzt. „Dünne Lippen" hingegen war kein bedeutsamer Cue.

Um die Validität der Cues zu bestimmen, berechneten Borkenau und Liebler ferner den Zusammenhang zwischen den physischen Cues und der Selbsteinschätzung der Targets. Beim Vergleich zwischen Cue-Validität und Cue-Nutzung zeigten sich verschiedene Diskrepanzen. So wurde der Cue „häufiges Lächeln" von den Urteilern übergewichtet und der Cue „unangenehme Stimme" fälschlicherweise als Hinweis auf Extraversion genutzt. Das Linsenmodell gibt also Aufschluss darüber, welche Informationen von den Urteilern genutzt werden und welche dieser Informationen tatsächlich valide sind.

Urteils-Übereinstimmung

Eine weitere Datenquelle zur Messung von Persönlichkeitseigenschaften ist die Übereinstimmung oder der Konsensus zwischen verschiedenen Urteilern. Wenn verschiedene Urteiler einen hohen Konsensus darüber haben, dass eine Person extravertiert ist, dann ist dies ein Hinweis darauf, dass diese Person tatsächlich über die Eigenschaft verfügt (auch wenn die beurteilte Person selbst diese Einschätzung nicht teilt).

Minimierung von Urteilsverzerrungen

Wenn andere Personen (Urteiler) die Persönlichkeit einer Zielperson (Target) einschätzen, dann handelt es sich streng genommen um eine **Verhaltensbeurteilung**. Ihre Aufgabe besteht nämlich darin, komplexe und abstrahierte Eigenschaften wie Extraversion oder Neugier anhand beobachtbarer Merkmale (Cues) zu erschließen. Dies bedeutet zwangsläufig, dass die Urteiler ein hohes Maß an Interpretation und Bewertung in ihr

Urteil einfließen lassen müssen. Je abstrakter und verhaltensferner die Einschätzungen sind, desto anfälliger werden die einzelnen Urteile für verschiedene Formen der Urteilsverzerrung. Durch die Zusammenfassung der Urteile mehrerer Urteiler (Aggregation) können solche Urteilsverzerrungen jedoch beträchtlich minimiert werden (Kenny 1994).

Verhaltensbeobachtung. Im Gegensatz zur Verhaltensbeurteilung, die ein hohes Maß an Bewertung und Interpretation beinhaltet, bezieht sich die direkte Verhaltensbeobachtung auf das Registrieren von unmittelbar beobachtbaren Verhaltensaspekten. Die Verhaltensbeobachtung bedarf damit nur einer sehr geringen Interpretation auf Seiten des Beobachters. Verhaltensbeobachtungen können sowohl in natürlichen Situationen (z.B. im Schulunterricht) als auch im Labor (z.B. Interaktionsaufgabe) stattfinden.

Vorteile von Verhaltensbeobachtungen

Der Vorteil gegenüber standardisierten Fragebogen besteht darin, dass die Probanden über einen großen Gestaltungsspielraum verfügen und individuelle Verhaltensweisen registriert werden können. Darüber hinaus können bestimmte Merkmale wie das Blickverhalten, Mimik, Sprache, Gestik oder Reaktionszeiten nur anhand dieser Methode erfasst werden. Auch für Interaktionsanalysen zur Bestimmung sozial relevanter Eigenschaften oder die Untersuchung von Kleinkindern ist Verhaltensbeobachtung unabdingbar.

systematische Beobachtung

In der Psychologie wird dabei in der Regel eine systematische Beobachtung vorgenommen, bei der nach einem vorher entwickelten Kodierschema eine Verhaltensaufzeichnung nach einem genau festgelegten Plan (Wo? Wann? Was?) erfolgt und auch die Datenauswertung standardisiert ist.

aussagekräftige Verhaltensindikatoren

Bei der Verhaltensbeobachtung besteht die größte Herausforderung darin, Verhaltensaspekte zu identifizieren, die tatsächlich aussagekräftig für die interessierende Eigenschaft sind. In den Begriffen des Linsenmodells ausgedrückt müssen möglichst valide Cues für die Eigenschaft gefunden werden.

Studie

Zur Untersuchung von Sozialer Dominanz entwickelten Jones et al. (1999) ein Kodierschema zur Klassifikation von verbalen und nonverbalen Cues für Soziale Dominanz. Sie beobachteten dabei im Labor Interaktionen zwischen Professoren und Studenten. Sie konnten zeigen, dass Professoren eine höhere Sprechfrequenz und längere Sprechzeit aufwiesen und weniger lächelten oder lachten als Studenten. Dies interpretierten die Autoren als Ausdruck der höheren Sozialen Dominanz der Professoren.

Indirekte Verfahren. Eine weitere Verfahrensklasse zur Datenerhebung stellen die indirekten Verfahren dar. Diese Verfahren sind eine sehr heterogene Verfahrensklasse, denen jedoch die Intransparenz des Messprinzips gemeinsam ist: Die untersuchten Personen wissen nicht, was gemessen wird.

projektive Verfahren

Insbesondere Ansätze im Rahmen der Tiefenpsychologie greifen auf indirekte Verfahren zurück, da diese annehmen, dass viele Bedürfnisse und Prozesse wie Abwehrmechanismen den betreffenden Personen nicht bewusst und damit auch nicht direkt verbalisierbar sind (→ Kap. 2.1 und 2.2). Deshalb werden den Probanden mehrdeutige Reize wie Tintenkleckse (im Rorschach-Test) präsentiert, in der Annahme, dass die Bedürfnisse und unbewussten Prozesse auf das mehrdeutige Material projiziert werden. Durch die Interpretation der spontanen Reaktionen auf diese mehrdeutigen Reize sollen die unbewussten Persönlichkeitsanteile zugänglich werden.

Kritik

Die meisten bekannten projektiven Verfahren werden in der wissenschaftlichen Persönlichkeitspsychologie jedoch nicht mehr angewendet, da ihre Gültigkeit, d.h. ihre Validität durch die vielfältigen Interpretationsmöglichkeiten der Reaktion auf das mehrdeutige Material sehr fragwürdig ist.

Ein in der heutigen Forschung noch angewendetes projektives Verfahren ist der Thematische Apperzeptionstest (TAT) von Murray zur Erfassung von Motiven, der aus 20 mehrdeutigen Bildern besteht (→ Kap. 3.3.1). Aber auch für dieses Verfahren gilt, dass die Interpretation der Testergebnisse uneindeutig und die Validität damit eingeschränkt ist.

Implizite Assoziationstests

Eine neuere Verfahrensklasse, die von Greenwald et al. (1998) entwickelt wurde und zunehmend häufiger zur Erfassung impliziter Einstellungen und Selbstkonzepte (→ Kap. 2.3) angewendet wird, sind sogenannte Implizite Assoziationstests (IATs). IATs messen die individuelle Assoziationsstärke zwischen Wörtern, wobei angenommen wird, dass starke Assoziationen (z.B. ich – schüchtern) auf eine implizite Eigenschaft hindeuten.

physiologische Messungen

Auch die Messungen physiologischer Parameter stellen eine indirekte Methode zur Messung von Eigenschaften dar. So werden emotionale Reaktionen und Dispositionen etwa anhand von evozierten Potenzialen (ERP) im Elektroenzephalogramm (EEG) zu erfassen versucht, indem Zusammenhänge zwischen Art und Ausprägung der elektrischen Aktivität des Gehirns und den Persönlichkeitsmerkmalen hergestellt werden. Auch bildgebende Verfahren werden zunehmend häufig in diesem Zusammenhang eingesetzt.

Kritik

Generell besteht bei physiologischen Messverfahren zur Erfassung der Persönlichkeit jedoch noch eine zentrale Schwierigkeit darin herauszufinden, in welcher Weise und mit welcher Zuverlässigkeit die erfassten physiologischen Daten (z.B. Amplitudenunterschiede im EEG) tatsächlich Aufschluss über Persönlichkeitseigenschaften geben können.

Literatur

Aiken, L. R. (1999). Personality assessment. Methods and practices. Seattle: Hogrefe & Huber.

Petermann, F. & Eid, M. (2006). Handbuch der Psychologischen Diagnostik. Göttingen: Hogrefe

Übungsaufgaben

1 Worin unterscheiden sich personenzentrierte und merkmalszentrierte Ansätze?
2 Um was für eine Art von Methode handelt es sich bei dem Q-Sort?
3 Was sind wesentliche Konstruktionsprinzipien von Persönlichkeitsfragebogen?
4 Welche Probleme können bei Fremdbeurteilungen bestehen, und wie kann man diesen Problemen begegnen?
5 Welche Erhebungsmethoden zählen zu den indirekten Verfahren?

Die Antworten finden Sie unter www.reinhardt-verlag.de.

Zugänge zur Persönlichkeit | 2

Inhalt

Die menschliche Persönlichkeit hat viele Facetten und, je nach Blickwinkel der Betrachter, unterschiedliche Schwerpunkte und Möglichkeiten der Erklärung. Entsprechend unterschiedlich sind auch die Theorien und Modelle, die derzeit existieren.

Die gewählte Reihenfolge der Darstellung der verschiedenen Ansätze ist teils historisch begründet. Sie beginnt mit der psychoanalytischen Theorie von Sigmund Freud und endet mit dem kognitiv-affektiven Persönlichkeitsmodell von Walter Mischel als einem der aktuellsten Ansätze. Die Darstellung des psychoanalytischen Persönlichkeitsverständnisses nimmt dabei einen relativ großen Raum ein, der nicht ihre Bedeutung für die aktuelle Persönlichkeitspsychologie widerspiegelt. Eine ausführlichere Beschäftigung mit den psychoanalytischen Ideen zu den Strukturen und Prozessen der Persönlichkeit ist aber dennoch notwendig, weil eine Reihe von Ansätzen erst in der kritischen Auseinandersetzung mit der Psychoanalyse entstanden sind und sich vielfach auch (oder trotzdem) einzelne psychoanalytische Konzepte in späteren Theorien mit einem ganz anderen Grundverständnis wiederfinden.

Die einzelnen Theorien haben sich nicht in ihrer Folge abgelöst, sondern wurden vielfach zur gleichen Zeit entwickelt oder weiterentwickelt. Daher sind sie, soweit möglich, inhaltlich zusammengefasst worden. Das Persönlichkeitsverständnis der Lerntheorien etwa wird in seinem Zusammenhang mit sozial-kognitiven Lerntheorien betrachtet, in denen die Lerngesetze weiterhin wichtige Grundlagen darstellen.

vielfältige Zugänge

Die Vielfältigkeit der möglichen Zugänge erscheint ebenso wie die bereits in → Kapitel 1.1.1 angesprochene Vielfältigkeit der Definitionen zunächst verwirrend, ist auf den zweiten Blick aber notwendig: Eben weil Persönlichkeit ein sehr komplexes Konstrukt ist, wäre es verwunderlich, wenn es nur eine, von allen geteilte Sichtweise gäbe. Wie in vielen anderen Bereichen der Psychologie kommt es bei einer Bewertung der unterschiedlichen Ansätze nicht darauf an, zu sagen, ob sie „richtig" oder „falsch" sind, sondern darauf, wie sinnvoll und funktional sie für die Erklärung von spezifischen persönlichkeitsbezogenen Phänomenen sind:

Beispiel

Lässt sich die Prüfungsängstlichkeit eines Studenten z.B. besser durch die Brille eines psychodynamischen Persönlichkeitsverständnisses, durch eine eigenschaftsbezogene Sichtweise oder durch einen kognitiv orientierten Zugang beschreiben, erklären und anschließend ggf. auch verändern?

Bewertung von Persönlichkeitstheorien

Daran knüpft sofort eine zweite Frage an: Woran macht sich die „bessere" Beschreibung fest? Das könnte einmal die intuitive Eingängigkeit der verwendeten Begriffe sein.

Beispiel

Es erscheint durchaus nachvollziehbar, dass die Prüfungsängstlichkeit daher rühren könnte, dass der Student in hohem Maße durch Ängstlichkeit als Eigenschaft charakterisiert ist und deshalb auch in Prüfungen ängstlich reagiert.

Oder aber die Wirksamkeit von Veränderungsansätzen kann als Kriterium der Güte einer bestimmten Sichtweise herangezogen werden.

Beispiel

Wenn die Ängstlichkeit durch erworbene Denkgewohnheiten erklärt wird und durch gezielte Veränderung von Kognitionen reduziert werden kann, dann spricht das für die Nützlichkeit dieses Erklärungsansatzes.

Andere mögliche Kriterien, die unter → Kapitel 1.1.2 und 1.3 bereits thematisiert wurden, sind die Eindeutigkeit der verwendeten Begriffe oder die Ausführlichkeit, mit der die Strukturen, Prozesse und Entwicklungsbedingungen der Persönlichkeit beschrieben werden. Je nachdem, welche Wertmaßstäbe definiert und angelegt werden, kommt es daher zu unterschiedlichen Antworten auf die Frage nach einer guten oder gar der besten Persönlichkeitstheorie.

individuelle Menschenbilder

Jenseits solcher möglichen Kriterien hat die Bewertung von Persönlichkeitstheorien auch immer einen starken Bezug zu den individuellen Menschenbildern derjenigen, die sich mit diesen Theorien beschäftigen. Wer davon überzeugt ist, dass der Mensch im Grunde positiv und in Richtung Wachstum und Entwicklung angelegt ist, der wird keine psychoanalytische Sicht der menschlichen Persönlichkeit übernehmen können, und wer glaubt, dass Persönlichkeit überwiegend durch Umwelteinflüsse geprägt ist, der wird nicht von angeborenen Persönlichkeitseigenschaften ausgehen. Daher dient eine Beschäftigung mit den unterschiedlichen Zugängen zur Persönlichkeit auch immer der kritischen Reflexion des eigenen Persönlichkeitsverständnisses.

2.1 Psychoanalytische Persönlichkeitstheorien

Das von Sigmund Freud maßgeblich geprägte psychoanalytische Persönlichkeitsverständnis kann als erste umfassende Theorie der Persönlichkeit bezeichnet werden, die sowohl Aussagen über die Strukturen als auch die Prozesse der menschlichen Psyche enthält.

Kasten 2.1

Sigmund Freud

Sigmund Freud wurde 1856 geboren und verbrachte den größten Teil seines Lebens in Wien. Während und nach seinem Medizinstudium beschäftigte er sich intensiv mit der Physiologie. In Vorbereitung auf die Gründung einer eigenen Praxis arbeitete er mehrere Jahre lang als Arzt und Forscher am Allgemeinen Krankenhaus in Wien. Während dieser Zeit lernte er bei einem Aufenthalt in Paris bei Jean-Martin Charcot die Hypnose als Behandlungsform der Hysterie kennen. Hysterie war eine zur damaligen Zeit häufig beobachtete Krankheit, die vor allem junge Frauen betraf und sich in drastischen Symptomen wie Lähmungen und Ausfällen der Sinnesorgane äußerte, für die keine organischen Ursachen aufzufinden waren. Die Studien über Hysterie und Hypnose setzte Freud während der Arbeit in seiner eigenen Praxis fort und veröffentlichte eine Reihe von einflussreichen Arbeiten, in denen er das psychoanalytische Persönlichkeits- und Störungsverständnis weiterentwickelte. Mit zunehmender Bekanntheit der Psychoanalyse als Theorie und Therapiemethode kam es zunächst zur Gründung der „Wiener Psychoanalytischen Vereinigung", dann der „Internationalen Psychoanalytischen Vereinigung".

1933 wurden Freuds Schriften Gegenstand der Bücherverbrennungen der Nationalsozialisten. Zum einen war Freud jüdischer Herkunft, zum anderen stand das psychoanalytische Menschenbild in vielen Punkten konträr zu der nationalsozialistischen Ideologie. Unterstützt durch einflussreiche Freunde konnte Freud mit dem größten Teil seiner Familie 1938 nach London ins Exil gehen. Dort starb er knapp eineinhalb Jahre später an den Folgen einer langjährigen Krebserkrankung (s. Freud et al. 2006).

Begründer der Psychoanalyse

In stärkerem Maße als bei vielen anderen Persönlichkeitstheorien ist das psychoanalytische Persönlichkeitsverständnis an die Person ihres Begründers geknüpft. Das liegt zum Teil daran, dass die psychoanalytische Theorie stark durch den Ausbildungshintergrund von Freud geprägt ist. Als Wissenschaftler war er geübt in der Beschreibung von Phänomenen und ihrer Einordnung in theoretische Zusammenhänge. Als praktizierender Arzt hatte er durch seine Patientenkontakte unmittelbar die Möglichkeit, seine Annahmen zu prüfen und seine theoretischen Überlegungen weiterzuentwickeln. Er ging dabei davon aus, dass die Funktionsweise der menschlichen Psyche universell ist und sich ebenso in pathologischen wie in gesunden psychischen Vorgängen zeigt. Und schließlich hat Freud einige seiner wesentlichen Erkenntnisse auch durch die Analyse eigener psychischer Vorgänge gewonnen.

Das Unbewusste und die Triebe

2.1.1

Freud nahm an, dass wesentliche Teile der Wünsche, Ideen, Gedanken, Empfindungen und Bestrebungen dem menschlichen Bewusstsein nicht zugänglich sind, sondern ihre Wirkung aus einer anderen Schicht der Psyche heraus entfalten, aus dem Unbewussten.

Hypnose und Träume

Wesentliche Ausgangspunkte für die Entwicklung der Idee des Unbewussten waren die Beschäftigung mit der Behandlung hysterischer Erkrankungen durch Hypnose und die Arbeit mit Träumen. Patienten, die unter Hypnose über die Entstehungssituation ihrer Erkrankung berichteten (die sie ansonsten nicht erinnern konnten), erlebten häufig anschließend Verbesserungen ihrer Symptomatik. Offenbar traten in dem veränderten Bewusstseinszustand der Hypnose wichtige Inhalte zu Tage, die das Denken und Fühlen der Patienten bestimmten, ohne dass ihnen dies bewusst war. Bei der Analyse von eigenen und von Patiententräumen fand Freud ebenfalls Hinweise auf die Wirkung von unbewussten Anteilen der Psyche.

manifeste und latente Trauminhalte

Der erinnerbare, „manifeste" Trauminhalt konnte nach Freud mittels therapeutischer Techniken auf den unbewussten, „latenten" Trauminhalt zurückgeführt werden. Dieser latente Trauminhalt sollte einen Wunsch widerspiegeln, der für das Bewusstsein bedrohlich oder nicht akzeptabel ist und der deshalb durch einen Zensurvorgang so verändert wird, dass er ausgedrückt werden kann.

Schichtenmodell der Psyche

In dieser Vorstellung von der Struktur der menschlichen Psyche, die auch Schichtenmodell genannt wird, wirken somit zwei psychische Systeme: das **Unbewusste** und das **Vorbewusste / Bewusste**.

Definition

Das **Unbewusste** ist der Sitz von Erlebnissen, Vorstellungen und psychischen Elementen, die nur unter sehr speziellen Bedingungen erlebbar werden. Gleichzeitig sind diese Inhalte eine treibende Kraft für den Menschen, da sie aus dem Unbewussten heraus dem Verhalten von Menschen eine Richtung geben und gelegentlich, wie z.B. in Träumen oder auch bei Versprechern, sichtbar werden. Das zweite psychische System nannte Freud das **Vorbewusste / Bewusste**, also alle psychischen Inhalte, die aufgrund aktuell fehlender Bedeutsamkeit nicht bewusst, aber bewusstseinsfähig sind. Wenn beispielsweise jemand nach dem für ihn wichtigsten Ereignis des vergangenen Jahres gefragt wird, ist eine spontane Antwort darauf eher unwahrscheinlich. Trotzdem ist das Ereignis mit etwas Nachdenken reproduzierbar und kann somit aus dem Vorbewussten ins Bewusstsein geholt werden. Das Vorbewusste/Bewusste ist dementsprechend der Teil des psychischen Gesamtsystems, der alle aktuell zugänglichen psychischen Inhalte umfasst.

Zensurinstanz

An der Schnittstelle zwischen Unbewusstem und (Vor-)Bewusstem gibt es eine Kontroll- oder Zensurinstanz, die z.B. die Umwandlung von latente in manifesten Trauminhalte reguliert, aber auch umgekehrt die Verdrängung solcher Inhalte in das Unbewusste lenkt, die für das Bewusstsein nicht akzeptabel sind. Nur unter der Prämisse, dass die menschliche Psyche aus den beiden beschriebenen psychischen Systemen besteht, ist das Prinzip der Verdrängung sinnvoll. Was ist aber der Grund dafür, dass Verdrängung für die menschliche Psyche notwendig ist?

Kasten 2.2

Das Homöostaseprinzip

Nach Freuds Auffassung ist der Mensch ein Energiesystem, das nach Gleichgewicht strebt. Wenn sich an einer Stelle des Systems psychische Energie anstaut, entsteht Unbehagen oder Unlust. Sie wird dann aufgehoben, wenn die entstandene Spannung reduziert und die Energie wieder freigesetzt wird. Bei Energieblockierungen, die z.B. dann entstehen, wenn ein Mangelzustand im Organismus vorliegt, ist der Organismus bestrebt, möglichst schnell eine Veränderung des Zustands in Richtung auf einen Energieausgleich und die Herstellung eines Gleichgewichts- oder Homöostasezustands zu erreichen. Auch wenn unbewusste Wünsche ins Bewusstsein gelangen, die für das Bewusstsein eine Gefahr bedeuten (z.B. der Wunsch, jemandem Schaden zuzufügen), entsteht Unbehagen. Der Organismus ist bestrebt, Unlust oder Unbehagen zu vermeiden und einen angenehmen Zustand zu erreichen oder zu erhalten. Daher ist es notwendig, solche Ideen und Bestrebungen ins Unbewusste zu verdrängen, damit sie keine direkte Wirkung auf das Verhalten haben können.

Freud, den als Arzt das Zusammenspiel zwischen Körper und Seele naturgemäß interessierte, sah einen Zusammenhang zwischen den Spannungszuständen des Körpers und der psychischen Energie, durch die eine Veränderung der Spannungszustände herbeigeführt werden soll. Zur Erklärung dieses Zusammenhangs führte er das Triebkonzept ein. Triebkonzept

Definition

Triebe stellen eine Übersetzung körperlicher Bedürfnisse in psychische Prozesse dar. Sie haben eine Quelle, eben den körperlichen Reiz- oder Mangelzustand, und ein klar definiertes Ziel: die **Triebbefriedigung**. Dazwischen liegen Handlungen, durch die das Triebziel erreicht werden soll. Diese Handlungen werden durch die **Triebenergie** ermöglicht bzw. erhalten durch sie eine Richtung. Zur Befriedigung eines Triebes wie etwa Hunger kann es viele mögliche **Triebobjekte** geben, auf die die Triebenergie gerichtet wird.

Lebensgeschichtlich und in Abhängigkeit von der Verfügbarkeit kann es zu unterschiedlichen Besetzungen von Objekten mit der Triebenergie kommen: Für einen erwachsenen Menschen ist bei Vorliegen des Triebs „Hunger" vielleicht der Kühlschrank ein vielversprechendes Triebobjekt, für den Säugling ist es die Mutter, durch die er die notwendige Nahrung bereitgestellt bekommt.

Freud unterschied zwei große Gruppen von Trieben: zum einen den **Lebenstrieb**, der Sexualitäts- und Selbsterhaltungstriebe umfasst, und den diesen Strebungen entgegengesetzten **Todestrieb**, der Zerstörungs- und Aggressionstendenzen beinhaltet. Der Energie des Lebenstriebes gab Freud den Namen „Libido". Triebarten

Die Instanzen der Psyche 2.1.2

In dem Schichtenmodell der menschlichen Persönlichkeit sind wesentliche Aspekte des psychoanalytischen Persönlichkeitsverständnisses bereits enthalten: das Konzept des Unbewussten, das Verständnis von Trieben, Triebenergie und der Besetzung von Objekten mit Triebenergie sowie der Prozess der Verdrängung. Es fehlte aber beispielsweise eine Ausdifferenzierung jener Kontroll- oder Zensurinstanz an der Schnittstelle zwischen Unbewusstem und (Vor-)Bewusstem sowie eine Einordnung derjenigen Bestrebungen der menschlichen Psyche, die nicht auf sofortigem Lustgewinn aus Triebbefriedigung, sondern auf die Einhaltung von Normen und Regeln ausgerichtet sind. Erweiterung des Schichtenmodells

Instanzenmodell

Mit der Entwicklung des Instanzenmodells der menschlichen Psyche vereinte Freud wesentliche Strukturen und Prozesse des Schichtenmodells mit diesen sinnvoll erscheinenden Erweiterungen. Die drei Instanzen nannte er das **Es**, das **Über-Ich** und das **Ich**.

Definition

- Das **Es** entspricht in etwa dem Unbewussten des Schichtenmodells. Es ist der Sitz der Triebe und der Ort der verdrängten psychischen Inhalte. Die Prozesse, durch die die Funktionen des Es gesteuert werden, folgen dem Lustprinzip, also der sofortigen Triebbefriedigung bzw. Energieabfuhr.
- Das **Über-Ich** stellt demgegenüber diejenige Instanz dar, in der Moral, Gewissen, durch die Eltern vermittelte und dann internalisierte Normen beheimatet sind. Ebenso wie das Es verlangt das Über-Ich nach Umsetzung seiner Ansprüche ohne Berücksichtigung der Realisierbarkeit. Freud hat mit dem Über-Ich auch das Ich-Ideal in Verbindung gebracht, also die handlungsleitende Vorstellung darüber, wie ein Mensch sein sollte oder sein möchte. Genügt das Handeln den Ansprüchen des Über-Ich nicht, so sind Schuldgefühle die Folge.
- Das **Ich** als dritte Instanz hat eine koordinierende und integrierende Funktion. Sowohl die Triebwünsche aus dem Es als auch die Gewissensansprüche aus dem Über-Ich müssen in einer gegebenen Situation vereinbart werden und zusätzlich müssen die Erfordernisse der Realität in diesem Spannungsfeld berücksichtigt werden.

Gelingt dem Ich eine gute Kompromisslösung der Anforderungen dieser drei Komponenten, dann resultiert der angestrebte Gleichgewichtszustand. Von den drei Instanzen hat Freud das Ich jedoch als die am stärksten gefährdete und schwächste angesehen:

> *„[Das Ich] fühlt sich von drei Seiten her eingeengt, von dreierlei Gefahren bedroht, auf die es im Falle der Bedrängnis mit Angstentwicklung reagiert. Durch seine Herkunft aus den Erfahrungen des Wahrnehmungssystems ist es dazu bestimmt, die Anforderungen der Außenwelt zu vertreten, aber es will auch der getreue Diener des Es sein ... Anderseits wird es auf Schritt und Tritt von dem gestrengen Über-Ich beobachtet, das ihm bestimmte Normen des Verhaltens vorhält, ohne Rücksicht auf Schwierigkeiten von Seiten des Es und der Außenwelt zu nehmen“* (Freud 1933, 84f).

Erst in späteren psychoanalytischen Persönlichkeitsvorstellungen wurde dem Ich eine größere Rolle beigemessen.

Angst und Abwehrmechanismen

2.1.3

Ursachen der Angst

Die schwierige Konstellation zwischen den Ansprüchen von Es, Über-Ich und Umwelt wird nach der Vorstellung der psychoanalytischen Persönlichkeitstheorie häufig dazu führen, dass dem Ich eine zufriedenstellende Kompromisslösung nicht gelingt. Verschiedene Formen des Ungleichgewichts zwischen den psychischen Instanzen sind möglich und führen jeweils zum Erleben von Angst.

Definition

Angst ist nach psychoanalytischem Verständnis ein Warnsignal für das Ich, das Handlungsimpulse auslöst.

Angstformen

Zum einen können die Triebwünsche und Impulse aus dem Es drohen, übermächtig zu werden. Das Ich reagiert mit Furcht vor den Folgen, falls es von den Impulsen aus dem Es überwältigt wird, und es entsteht **neurotische Angst** – der Triebwunsch wird ins Unbewusste verschoben, bleibt jedoch weiter aktiv und beeinflusst das Erleben und Verhalten. Wenn auf der anderen Seite die Ansprüche des Über-Ich übermächtig werden, resultiert **Gewissensangst**: Schuld oder Scham des Ich, ausgelöst durch Angst vor einer Strafe des Über-Ich für Normverletzungen. Droht aus der Umwelt eine objektive Gefahr, dann entsteht **Realangst**.

Angst und Abwehr

Unabhängig von der Quelle der Angst entsteht ein psychisches Ungleichgewicht, das das Ich bewältigen muss. Um das psychische Gleichgewicht wiederherzustellen, müssen die angstauslösenden Impulse abgewehrt werden. Also werden auf das Signal „Angst" hin Abwehrmechanismen aktiviert, die die Bedrohung mildern oder abwenden sollen.

Abwehrmechanismen

Freud und seine Nachfolger haben eine Reihe von weitgehend unbewusst wirkenden Abwehrmechanismen beschrieben, die der Angstreduktion dienen:

- Ein wesentlicher Mechanismus, dessen Wirkweise schon im Schichtenmodell der Persönlichkeit beschrieben wird, ist die **Verdrängung**: Hier werden Gedanken oder Wünsche vom Bewusstsein ausgeschlossen, der psychische Inhalt ist dem Bewusstsein nicht mehr zugänglich.

Beispiel

Jemand kann sich beispielsweise nicht erinnern, als Kind geschlagen worden zu sein oder einen tragischen Verkehrsunfall beobachtet zu haben.

- Im Gegensatz zur Verdrängung ist ein traumatisches Ereignis bei der **Verleugnung** bewusst, wird aber so interpretiert, dass die traumatischen Aspekte verleugnet werden.

Beispiel

Ein von seiner Frau verlassener Mann könnte die Trennung als vorübergehend interpretieren und in dem Glauben leben, dass seine Frau wieder zu ihm zurückkehren wird.

- Bei der **Rationalisierung** wird das eigentliche Motiv, das einem Verhalten zugrunde liegt, nicht wahrgenommen und andere, plausible und vernünftige Begründungen werden für das Verhalten gegeben.

Beispiel

Eine Studentin mag die Wahl eines Studienortes im Ausland durch die besondere Qualität des Abschlusses am gewählten Studienort begründen, tatsächlich möchte sie sich aber dem Zugriff ihrer Familie entziehen.

- Wenn die Triebimpulse aus dem Es vom Ich auf die Außenwelt, vor allem auf andere Personen, verlagert werden, liegt eine **Projektion** vor.

Beispiel

„Nicht ich selbst bin feindselig und aggressiv, sondern meine Kollegen und daher zwingen sie mich zu feindseligem und aggressivem Verhalten."

- Bei der **Reaktionsbildung** wird das Gegenteil eines angstauslösenden Impulses wahrgenommen und zum Ausdruck gebracht.

Beispiel

So könnte eine Mutter, die wenig Liebe für ihr Kind empfindet, diese Empfindung dadurch abwehren, dass sie dem Kind gegenüber übermäßige Zuwendung und liebevoll wirkende Verhaltensweisen zeigt.

▶ **Sublimierung** ist die Umwandlung von Triebwünschen, z.B. sexuellen Wünschen, in sozial akzeptierte Verhaltensweisen, wie etwa die Erschaffung von Kunstwerken. Die Sublimierung stellt aus psychoanalytischer Sicht die einzige Form der Umwandlung sexueller und aggressiver Wünsche in Leistungen dar, die sozial erwünscht und positiv bewertet ist. Die gesamte menschliche Kultur kann demnach als ein Ergebnis von Sublimierung verstanden werden.

Die psychosexuellen Entwicklungsstadien

2.1.4

Triebe und frühkindliche Entwicklung

Die psychischen Instanzen entwickeln sich nach Freud während der frühen Kindheit in regelhaft ablaufenden Entwicklungsstadien. In diesen Phasen wird die Energie des Lebenstriebes, die Libido, auf immer andere Körperregionen gelenkt. Gemeinsam ist diesen Körperregionen, dass sie angenehme Gefühle hervorrufen können, und daher werden sie erogene Zonen genannt.

Entwicklungsaufgaben

In jeder Phase – unterschieden werden die orale, anale, phallische, Latenz- und genitale Phase – stellen sich dem Kind bzw. jungen Heranwachsenden spezifische Herausforderungen. Werden diese Herausforderungen angemessen bewältigt, dann ist ein reibungsloser Übergang in die nächste psychosexuelle Entwicklungsphase möglich.

Fixierung

Gelingt die Bewältigung nicht, findet eine phasentypische Fixierung statt und Reste der Entwicklungsstufe bleiben erhalten und prägen die Persönlichkeit im Erwachsenenalter mit.

eigenständige Nahrungsaufnahme

Orale Phase. Lustgewinn findet in dieser Phase durch die erogene Zone der Mund- und Lippenschleimhaut statt. Zunächst steht die Nahrungsaufnahme über die mütterliche Brust oder ähnliche Objekte im Mittelpunkt, wird dann aber allmählich durch Lutschen an eigenen Körperteilen ergänzt. Hier findet nach Freud die Herausbildung des Ich statt, weil der Säugling lernt, zwischen fremden Objekten und der eigenen Person zu unterscheiden. Die wesentliche Entwicklungsaufgabe dieser Phase ist der Übergang vom Stillen zu den Anfängen der eigenständigen Aufnahme anderer Nahrung.

Gelingt dieser Übergang nicht, weil das Kind zu lange in der Abhängigkeit des Gestilltwerdens gehalten wird oder aber zu früh zur Eigenständigkeit aufgefordert wurde, kann eine Fixierung auf die orale Phase erfolgen. Diese äußert sich im Erwachsenenalter durch eine übermäßige Beschäftigung mit Themen wie Abhängigkeit oder Lustgewinn durch orale Beschäftigung (z.B. übermäßiges Essen oder Rauchen).

Reinlichkeitserziehung

Anale Phase. Hier sind der Anus und die Darmschleimhaut die primären erogenen Zonen. Wesentliche Funktionen sind die Ausscheidung von

Kot und Urin (als lustvolle, weil spannungsabbauende Erfahrung) und die Kontrolle über die Ausscheidungsfunktionen. Gegen die Triebwünsche des Ausscheidens stehen zunehmend die Kontrolle und die Normen der Umwelt hinsichtlich der Orte und Zeiten der Ausscheidung – erste Über-Ich-Funktionen und die Realitätskontrolle des Ich werden in dieser Phase entwickelt. Die Sauberkeitserziehung ist die wesentliche Entwicklungsaufgabe dieser Phase.

Gelingt ein guter Abschluss dieser Phase nicht, dann könnten z. B. als Folge einer zu strengen Reinlichkeitserziehung im Erwachsenenalter Merkmale wie Geiz, Hartnäckigkeit oder Zwanghaftigkeit persönlichkeitsprägend sein. Wird Kontrolle nicht oder zu spät gelernt, kann eine fehlende Strukturiertheit der erwachsenen Persönlichkeit resultieren.

Phallische Phase. Die ersten Erfahrungen mit den eigenen Genitalien und die damit einhergehende Entdeckung des eigenen Geschlechts sind prägend für diese Phase. Dementsprechend stehen die Identifizierung mit dem gleichgeschlechtlichen Elternteil und die Übernahme geschlechtsbezogener Werte und Normen im Zentrum der phallischen Phase. Da die Geschlechtsorgane bei Mädchen und Jungen unterschiedlich beschaffen sind, sollen nach Freud auch verschiedenartige Prozesse bei beiden Geschlechtern ablaufen.

Ödipuskomplex und Penisreid

Der Junge, der sich seines Penis bewusst geworden ist, entwickelt Triebwünsche an die Mutter (Freud spricht hier in Anlehnung an eine griechische Sage vom „Ödipuskomplex“). Dabei ist der Vater ein übermächtiger Rivale, der die Macht hätte, dem Jungen seinen gerade entdeckten Penis wieder streitig zu machen. Diese Bedrohung führt bei dem Jungen zu Kastrationsangst. Um diese Angst zu bewältigen und gleichzeitig der Mutter nahe zu sein, identifiziert sich der Junge mit seinem Vater und versucht, wie dieser zu sein und zu handeln. Bei Mädchen soll es gerade der Mangel an einem sichtbaren Geschlechtsorgan sein, der die phallische Phase prägt – es entwickelt einen Penisneid. Weil die Mutter für das Fehlen eines Penis verantwortlich zu sein scheint, wendet sich das Mädchen dem Vater zu. Aber erst durch eine Identifikation mit der Mutter und der Übernahme des entsprechenden Geschlechtsrollenverhaltens kann das Mädchen dem Vater nahe sein.

Gelingt die Lösung der Konflikte der phallischen Phase nicht, dann kann sich dies später in Rücksichtslosigkeit und übertriebener Männlichkeit (bei Männern) und Naivität und verführerischem Verhalten (bei Frauen) äußern.

Latenzphase. Freud beobachtete in dieser Phase keine bedeutsamen psychosexuellen Entwicklungen und bezeichnete sie daher als Latenzphase. Die lustbetonten Triebansprüche werden auf andere Bereiche, wie etwa den Erwerb von Kulturtechniken, umgeleitet.

Genitale Phase. In dieser Phase, die ungefähr mit der Pubertät zusammenfällt, richten sich die Triebwünsche auf Objekte bzw. Menschen, mit denen eine erwachsene Sexualität gelebt werden kann. In der Latenz- und genitalen Phase entwickeln sich das Ich und das Über-Ich weiter. Wenn die vorhergehenden Phasen ohne gravierende Störungen bewältigt wurden, stellt die genitale Phase den Beginn des erwachsenen Lebens mit den Zielen Partnerschaft, Familie, Freundschaft und eigenen Kindern dar.

2.1.5 Bewertung des psychoanalytischen Persönlichkeitsverständnisses

Die Verdienste von Freud für die Entwicklung der Psychologie sind erheblich. Sehr viele Bereiche der Psychologie – neben der Persönlichkeitsforschung z. B. die Klinische und Entwicklungspsychologie sowie die Motivationsforschung – wurden durch seine Überlegungen bereichert oder auch erst begründet.

eingängiges Modell

Die psychoanalytische Sicht der Persönlichkeit bietet ein ausgesprochen eingängiges Modell für die Strukturen der Persönlichkeit. Es ist so eingängig, dass es bis heute wirkt und sogar in den Alltagssprachgebrauch eingegangen ist. Gleiches gilt für die Dynamik des Seelenlebens: Vorstellungen von Prozessen wie den Abwehrmechanismen haben in viele Bereiche Eingang gefunden. Die nachhaltige Wirkung des psychoanalytischen Persönlichkeitsverständnisses liegt auch in der Bildhaftigkeit der verwendeten Analogien begründet, die schwer erklärbare, aber faszinierende Phänomene (z. B. Versprecher und andere Ausdrucksformen jenseits des Bewusstseins) handhabbar machen. Insgesamt stellt das psychoanalytische Persönlichkeitsverständnis das erste umfassende Modell dar, in dem Prozesse, Strukturen, Pathologien und Annahmen über die Prägung der Persönlichkeit in einem gemeinsamen Ansatz entwickelt wurden.

Kritik 1

Trotzdem ist die aktuelle Persönlichkeitsforschung wenig von psychoanalytischen Persönlichkeitsvorstellungen geprägt. Das liegt zum einen in dem **deterministischen Menschenbild** begründet (die Vorstellung, dass Menschen wenig bis gar keinen Zugang zu ihren Motiven und Zielen haben, gilt als nicht mehr zeitgemäß), zum anderen in einer Reihe von methodischen Kritikpunkten. So sind die grundlegenden Strukturen und Prozesse der Theorie nicht explizit definiert und operationalisiert. Freud gibt in seinen Schriften unterschiedliche Beschreibungen, aber

uneinheitlich definierte Phänomene lassen sich weder eindeutig erfassen noch untersuchen und auf ihre Erklärungskraft hin bewerten. Für die Psychoanalyse ist die Verdrängung ein Schlüsselfaktor für die Entwicklung und Behandlung von neurotischen Störungen. Ob es **Verdrängung als Abwehrmechanismus** wirklich gibt, wird heute noch kontrovers diskutiert.

Studie

Rofé (2008) fasste zahlreiche empirische Studien zu dieser Frage zusammen und kommt zu dem Schluss, dass es für das psychoanalytische Konzept der Verdrängung wenig empirische Hinweise gibt. Wenn es Verdrängung als Angstabwehrmechanismus gibt, dann sollte sich dies insbesondere im Zusammenhang mit Traumaerfahrungen bestätigen, d.h. traumatisierte Personen müssten eine partielle oder vollständige Amnesie bzgl. des traumatischen Ereignisses (z.B. sexuelle Missbrauchserfahrungen in der Kindheit) zeigen. Tatsächlich beweisen empirische Studien genau den gegenteiligen Effekt: Die meisten Menschen können traumatische Erlebnisse sehr gut erinnern. In den wenigen Fällen, in denen eine Amnesie vorliegt, kann dies fast immer durch andere Prozesse erklärt werden, wie z.B. dem natürlichen Vergessen oder dem bewussten (aktiven) Vergessen.

Kritik 2

Auch die Annahme, dass verdrängte Erlebnisse in ihrer ursprünglichen Form mit Hilfe von **Hypnose** und **Psychoanalytischer Therapie** bewusstseinfähig gemacht werden können, erwies sich als haltlos.

Studie

Neuere Studien versuchten mit neurowissenschaftlichen Methoden Verdrängung und das Unbewusste nachzuweisen. Eine der bekanntesten Studien stammt von Anderson et al. (2004), die mit Hilfe von funktioneller Magnetresonanztomografie (fMRT) den neurologischen Grundlagen der Verdrängung auf die Spur kommen wollten. Tatsächlich konnten sie nachweisen, dass Probanden, die aufgefordert wurden, gelernte Worte aktiv zu vergessen, spezifische Aktivierungsunterschiede in umschriebenen Hirnregionen sowie eine beeinträchtigte Erinnerungsleistung aufwiesen. Die 24 Probanden versuchten jedoch bewusst, die gelernten Wörter zu vergessen (und taten dies auch mehr oder weniger erfolgreich). Deshalb handelt es hierbei nicht um eine Verdrängung im Sinne von Freud, denn diese setzt eine unbewusste, d.h. nicht willentlich gesteuerte Verdrängung von Gedächtnisinhalten voraus.

Kritik 3 + 4

Ein weiterer schwerwiegender Kritikpunkt an der klassischen psychoanalytischen Persönlichkeitstheorie ist, dass sich aus ihr **keine eindeutigen, prüfbaren Hypothesen** ableiten lassen. Wenn sich eine ihrer Annahmen nicht bestätigt, dann stellt die psychoanalytische Persönlichkeitstheorie häufig auch eine Alternativerklärung bereit (z.B. Verdrängung führt zu Symptomen – wenn keine Symptome vorhanden sind, dann ist dies ein Beweis für Verdrängung). Wenn aber eine Theorie keine eindeutigen Hypothesen zur Prüfung ihrer Gültigkeit ermöglicht, ist sie nicht falsifizierbar und damit nicht entwicklungsfähig.

Kritisiert wird schließlich die **(fehlende) empirische Basis** der Annahmen der psychoanalytischen Persönlichkeitstheorie: Sie wurden aus Freuds Beobachtungen seiner Patienten entwickelt und zugleich an ihnen bestätigt. Es fehlt somit eine unabhängige, systematische empirische Forschung.

Literatur

Köhler, T. (1995). Freuds Psychoanalyse: Eine Einführung. Stuttgart: Kohlhammer.

Übungsaufgaben

1 Wie sah Freud das Verhältnis von unbewussten und vorbewussten / bewussten Anteilen der Persönlichkeit? Welche Auswirkungen hat dies für das menschliche Verhalten?

2 Welche Veränderungen beinhaltet das Instanzenmodell im Vergleich zum Schichtenmodell?

3 Welche Bedeutung hat das Homöostaseprinzip im Zusammenhang mit der Entstehung von Angst?

4 Welche Bedeutung haben die psychosexuellen Entwicklungsstadien für die erwachsene Persönlichkeit?

5 Welche Kritikpunkte am psychoanalytischen Konzept der Verdrängung werden aktuell diskutiert?

Die Antworten finden Sie unter www.reinhardt-verlag.de.

2.2 | Neoanalytische Persönlichkeitstheorien

Entwicklung nach Freud

Die psychoanalytische Theorie ist die Basis der tiefenpsychologischen Schule, einer bedeutenden Richtung innerhalb der Psychologie und der Psychotherapie. Hier wurden von den Schülern und Anhängern Freuds die psychoanalytischen Ideen diskutiert und weiterentwickelt. Diese Diskussionen waren häufig kontrovers und viele der vorgeschlagenen Weiterentwicklungen und kritischen Auseinandersetzungen wurden von Freud und den orthodoxen Psychoanalytikern abgelehnt. Es kam zu neuen, also neoanalytischen Entwicklungen innerhalb der Tiefenpsychologie, die häufig mit einem Bruch der entsprechenden Vertreter mit Freud und seinen geistigen Gefolgsleuten einhergingen (Wyss 1991).

Zwei Vertreter der vielfältigen neoanalytischen Entwicklungen werden im Folgenden exemplarisch dargestellt: Alfred Adler als der erste aus Freuds Kreis mit ganz eigenständigen und für Freud nicht mehr akzeptablen Veränderungen der ursprünglichen Theorie und Karen Horney als Vertreterin einer feministischen Haltung innerhalb des tiefenpsychologischen Denkens.

2.2.1 | Alfred Adler

Schüler und Kritiker Freuds

Alfred Adler (1870–1937) wurde in Wien geboren und studierte dort ebenso wie Freud Medizin. 1902 wurde er Mitglied der sogenannten „Mittwochsgesellschaft“, einer Gruppe von Ärzten, die mit Freud psychoanalytische Ideen diskutierten. Bis 1911 war Adler regelmäßiger Teilnehmer dieser Treffen. Als Adler Kritik an wesentlichen Konzepten der Psychoanalyse übte (vor allem an der universellen Bedeutung sexueller Triebwünsche und ihrer Verdrängung), wurde er seinerseits von Freud und seinen Anhängern stark kritisiert. Er wandte sich daraufhin ab und schuf seine eigene Richtung innerhalb der Tiefenpsychologie, die er „Individualpsychologie“ nannte. Diese enthält eine Reihe neuartiger Ideen, die die Strukturen und Prozesse der Persönlichkeit erklären sollen (s. a. Kasten 2.3).

Kasten 2.3

Grundannahmen der Individualpsychologie

Ein wesentliches Anliegen für Adler war die Erklärung der Motivation menschlichen Verhaltens. Im Gegensatz zu Freud nahm er an, dass Menschen naturgemäß soziale Wesen sind, von Beginn an darauf ausgerichtet, Beziehungen herzustellen und aufrechtzuerhalten. Adler (1947) sprach sogar von einem „Zwang zur Gemeinschaft“. Menschen haben daher ein angeborenes **Gemeinschaftsgefühl**, das sich schon in dem Verhalten des Säuglings zeigt, der auf die Menschen in seiner Umwelt reagiert und aktiv Bindungen herstellt.

Bedeutung der Erziehung

Die Art, wie soziale Beziehungen ausgestaltet werden, hat tiefgreifenden Einfluss auf Menschen, und besonders trifft dies auf kleine Kinder zu. Dementsprechend müssen nach Adler Eltern und andere enge Bezugspersonen Wissen über den angemessenen Umgang mit kleinen Kindern besitzen, um Fehlentwicklungen zu vermeiden. Ausgehend von dieser Forderung hat Adler sehr viel pädagogische Aufklärungsarbeit geleistet und sich mit Fragen der **Kindererziehung** und **Elternschulung** beschäftigt.

Anforderungen der Umwelt

Die soziale Einbindung von Menschen erfordert es, dass sich Menschen an das soziale Umfeld, in dem sie leben, anpassen müssen. Findet ein Mensch seinen Platz in der Gemeinschaft, an dem er seine Möglichkeiten realisieren kann, dann liegt eine normale Anpassung vor. Fehlt das notwendige Maß an Gemeinschaftsgefühl und damit einhergehend die Fähigkeit zu angemessenen beruflichen, gesellschaftlichen und bindungsbezogenen Aktivitäten, dann ist eine Fehlanpassung die Folge, die sich in psychischen Störungen oder sozial schädlichem Verhalten äußern kann.

Minderwertigkeitsgefühl

Ein wesentliches Merkmal der menschlichen Persönlichkeit ist nach Adler das angeborene **Minderwertigkeitsgefühl**. Er vertrat zunächst die Idee, dass jeder Mensch unter einer Organminderwertigkeit leidet, weil bei keinem Menschen alle Organe und Funktionen gleichermaßen gut ausgeprägt sind. Später wurde das Konzept der Minderwertigkeit auch auf soziale und materielle Benachteilungen bezogen.

Streben nach Überlegenheit

Menschen sind sich ihrer individuellen Mängel bewusst und versuchen sie zu überwinden. Sie haben ein angeborenes **Streben nach Überlegenheit** und Vollkommenheit und versuchen, ihre Minderwertigkeit zu kompensieren, indem sie ihre Schwäche überwinden oder auf anderen Gebieten besondere Leistungen zeigen.

Beispiel

Ein Beispiel für eine erfolgreiche **Kompensation** einer Organminderwertigkeit ist ein Stotterer, der sich durch Üben zu einem besonders guten Redner entwickelt.

Das Gefühl subjektiver Minderwertigkeit ist nach Adler damit nichts Negatives, sondern im Gegenteil der Motor persönlicher Entwicklung und von Wachstum. Es motiviert Menschen, durch Kompensation eine Organminderwertigkeit bzw. soziale oder materielle Benachteiligungen aufgrund eigener Anstrengungen zu überwinden.

Lebensstil

Jeder Mensch entwickelt schon in der frühen Kindheit einen ihm eigenen Umgang mit seinen Schwächen und den Anforderungen der Gesellschaft. Die Individualität des Umgangs macht den **Lebensstil** aus, das zugrunde liegende Muster, das dem Verhalten eines Menschen Sinn und Ziel gibt. Eine besonders gute Anpassung an das Leben, ein erfolgreicher Lebensstil, ist dann gegeben, wenn zur Überwindung der individuellen Minderwertigkeitsgefühle Aktivitäten gewählt werden, die der Gemeinschaft dienen.

Aggressionstrieb

Schon sehr viel früher als Freud hat Adler einen menschlichen **Aggressionstrieb** beschrieben, der mit dem Bedürfnis nach Kompensation und Überlegenheit zusammenhängt. Er kann zerstörerisch wirken oder aber, richtig kanalisiert, zu einem aktiven, selbstbestimmten Lebensstil motivieren. Wichtig ist hier auch wieder die Haltung der Umwelt, insbesondere von Erziehungspersonen, den kindlichen Aggressions- und Protestäußerungen angemessen und liebevoll-unterstützend zu begegnen.

2.2.2 Karen Horney

Grund-Feindseligkeit und Grund-Angst

Ähnlich wie Adler kritisierte auch Karen Horney (1885–1952) die Vorstellung psychosexueller Entwicklungsstufen, in denen jeweils spezifische Triebkonflikte bewältigt werden müssen. Aber auch sie nahm an, dass frühkindliche Ereignisse die Persönlichkeit eines Menschen prägen (Horney 1951). Erlebt ein Kind keine Liebe und Anerkennung in seiner frühen Entwicklung, dann führt dies dazu, dass es Einsamkeit und Hilflosigkeit gegenüber der feindlichen Umwelt erlebt. Diese Haltung führt zu einer **Grund-Feindseligkeit** der Welt gegenüber, die mit einer **Grund-Angst** einhergeht.

Definition

Angst ist ein wesentlicher Begriff in Horneys Verständnis von Persönlichkeit. Sie entsteht nicht wie bei Freud aus Konflikten zwischen verschiedenen Triebstrebungen innerhalb einer Person, sondern aufgrund allgemein ungünstiger Entwicklungsbedingungen. Eine konflikthafte Eltern-Kind-Beziehung ist nach Horney eine der zentralen Bedingungen für eine Chronifizierung der Grund-Angst und damit der Entwicklung psychischer Störungen.

Kritik am „Ödipuskomplex"

Vor dem Hintergrund dieser Überlegungen interpretierte sie die Bedeutung des Ödipuskomplexes ganz anders als Freud: Das Anklammern an ein Elternteil und die eifersüchtige Ablehnung des anderen Elternteils beruht auf Angst und einem unerfüllten Bedürfnis nach Sicherheit, Nähe und Angstfreiheit. Dies entsteht durch Konflikte zwischen dem kindlichen Gefühl der Abhängigkeit und gleichzeitig der Feindseligkeit gegenüber den Eltern als Folge von lieblosem, einschüchterndem und ungerechtem Erziehungsverhalten.

Formen der Angstabwehr

Die Persönlichkeit eines Menschen ist geprägt von dem Ausmaß an Grund-Angst und ebenso durch die bevorzugten Formen, mit der Angst umzugehen. Horney unterschied dabei drei Arten der Angstabwehr:

- **Annäherung** (exzessives Bemühen, akzeptiert, gebraucht und geschätzt zu werden; Abhängigkeit von anderen; Selbstlosigkeit, Wunschlosigkeit und Aufopferungswille),
- **Widerstand** (Bedürfnis nach Nähe wird geleugnet; Bemühen darum, möglichst hart als Reaktion auf eine feindselige Welt zu sein) und
- **Flucht** (Rückzug von anderen; neurotische Bindungslosigkeit; Vermeidung emotionaler Kontakte).

Angstabwehr zeigt sich in Horneys Persönlichkeitsverständnis also immer in der Art der Gestaltung menschlicher Kontakte. Dominiert eine der Formen der Angstabwehr, dann prägt dies die Gesamtpersönlichkeit eines Menschen.

Bedeutung von Umweltbedingungen

Während Freud die Strukturen und Prozesse der menschlichen Psyche als universell angesehen hat, waren für Horney ebenso wie für Adler die sozialen und kulturellen Bedingungen wichtig, unter denen ein Mensch lebt und die sein Verhalten und Erleben prägen (s. Kasten 2.4).

Kasten 2.4

Cultural Patterns

Die Bewertung von Verhalten und Erleben findet immer in einer spezifischen Kultur mit spezifischen Normen und Werten statt (sogenannte „cultural patterns"). Eine Person, die ein Verhalten zeigt, das nicht diesen Werten und Normen entspricht, wird als abweichend und damit als krank angesehen. Das gleiche Verhalten könnte in einer anderen Kultur aber als normal und gesund angesehen werden. Auch das Triebverständnis der Psychoanalyse ist nach Horney Ausdruck spezifischer Normen und Werte und hatte für eine bestimmte Zeit – das ausgehende 19. Jahrhundert – und einen bestimmten Kulturkreis – die mitteleuropäische Zivilisation – Gültigkeit, darüber hinaus aber nicht.

Kritik am Frauenbild

Mit einer ähnlichen Argumentation kritisiert Horney das Weiblichkeitsbild der Psychoanalyse, das ihrer Meinung nach vor dem Hintergrund der gesellschaftlich vorgegebenen Rollen- und Machtverteilung zwischen Männern und Frauen zu verstehen war. Die orthodoxe Psychoanalyse ging von einem objektiven, angeborenen psychologischen Unterschied zwischen Männern und Frauen aus. Dagegen setzen Horney ebenso wie Adler, dass solche Unterschiede durch Erziehung entstehen, aber nicht naturgegeben sind. Der Penisneid, den Freud bei Mädchen in der phallischen Phase annahm, bezieht sich nach Horney nicht auf das reale Geschlechtsorgan, sondern auf die dadurch symbolisierten vielfältigeren Möglichkeiten, die sich einem Jungen in der damaligen westlichen Gesellschaft boten.

2.2.3 Bewertung des neoanalytischen Persönlichkeitsverständnisses

Kritik

Auch für die neoanalytischen Persönlichkeitsmodelle gelten aus heutiger Sicht ähnliche methodische Kritikpunkte, wie sie bereits bei der Würdigung des psychoanalytischen Menschenbildes dargestellt wurden: eine häufig nicht eindeutige Definition der Strukturen und Prozesse, Widersprüchlichkeiten innerhalb der Annahmen, sowie eine fehlende empirische Prüfung.

Vor allem von Neoanalytikern wie Adler und Horney wurden jedoch andere, wesentliche Aspekte des psychoanalytischen Persönlichkeitsverständnisses kritisiert. Gegenstand ihrer Kritik war neben der Überbetonung der Bedeutung der Sexualität auch die mangelnde Berücksichtigung der kulturellen und gesellschaftlichen Rahmenbedingungen von menschlichem Verhalten und vor allem die fehlende Beachtung der hohen Bedeutsamkeit sozialer Beziehungen. Menschen wurden von ihnen als interaktionsbedürftige und -fähige Wesen, als gestaltende Akteure ihres engeren sozialen Umfeldes und der sie umgebenden Gesellschaft angesehen. Die starke Bedeutung früher Erfahrungen für die Entwicklung eines Menschen, wie von Freud z.B. vor allem anhand der psychosexuellen Entwicklungsstadien beschrieben wurde, bleibt erhalten, wird aber anders interpretiert.

Menschen als Teil einer sozialen Umwelt

Ein zentraler Unterschied zwischen dem psychoanalytischen und dem neoanalytischen Denken liegt außerdem darin, dass das Ich eine viel stärkere Position im psychischen Gefüge zugeschrieben bekommt. Menschen wird das Potenzial und die Motivation zugeschrieben, sich weiterzuentwickeln und dabei selbstbestimmt handeln zu können, sofern ihre Möglichkeiten nicht durch psychische Fehlentwicklungen blockiert sind. Mit diesem Verständnis von Selbstbestimmung enthalten gerade die Konzeptionen von Adler und Horney bereits wesentliche Ideen der humanistischen Persönlichkeitstheorien.

stärkere Betonung des Ich

Literatur

Rattner, J. (1990). Klassiker der Tiefenpsychologie. München: PVU.

Übungsaufgaben

1. Was sind Gemeinsamkeiten und Unterschiede zwischen dem klassischen psychoanalytischen und dem neoanalytischen Persönlichkeitsverständnis?
2. Was sind die wesentlichen Triebkräfte der menschlichen Entwicklung bei Adler?
3. Wodurch entsteht nach Horney Angst, und wie wirkt der Umgang mit Angst auf die menschliche Persönlichkeit?

Die Antworten finden Sie unter www.reinhardt-verlag.de.

2.3 | Humanistische Persönlichkeitstheorien

„Dritte Kraft“

In den ersten Jahrzehnten des 20. Jahrhunderts wurde das Menschenbild in der Psychologie von drei verschiedenen theoretischen Strömungen maßgeblich geprägt. Dies war zum einen die Psychoanalyse (→ Kap. 2.1), die den Mensch als egozentrisches Wesen ansieht, das gänzlich auf die Befriedigung seiner Triebe konzentriert ist. Demgegenüber stand die lerntheoretische Persönlichkeitstheorie, die Persönlichkeit als Ergebnis von Lern- und Verstärkungsprozessen ansah (→ Kap. 2.6). Diesen beiden Ideen von der Persönlichkeit stellten die Vertreter der humanistischen Persönlichkeitstheorie ein anderes Menschenbild entgegen (s. Kasten 2.5).

Kasten 2.5

Das Menschenbild der Humanistischen Psychologie

Menschen sind in der Lage, sich und ihre Umgebung bewusst wahrzunehmen und zu reflektieren und ihre Fähigkeit in den Dienst sowohl ihrer persönlichen Weiterentwicklung als auch in die Entwicklungen von Beziehungen und der Gesellschaft zu stellen. Jeder Mensch ist mit einer „**Aktualisierungstendenz**“ ausgestattet. Damit ist eine Lebensmotivation umschrieben, die auf ganzheitliches Wachstum, Selbstverwirklichung, geistige und körperliche Gesundheit und Entwicklung ausgerichtet ist. Dies erfolgt nicht in egoistischer Form, sondern im Einklang mit den Anforderungen der Umgebung und als abgewogenes Verhältnis zwischen Autonomie und Anpassung (Quitmann 1996).

Rogers und Maslow

Die beiden hier vorgestellten Vertreter der humanistischen Persönlichkeitstheorie, Carl Rogers und Abraham Maslow, gingen davon aus, dass die Selbstaktualisierungstendenz nur dann wirksam werden kann, wenn sich der Mensch frei und ungestört entwickeln kann. Beide waren durch ihre psychotherapeutische Tätigkeit zu ihren Aussagen über die menschliche Persönlichkeit gelangt. Vor allem bei Rogers waren seine Vorstellungen über die Entwicklung psychischer Störungen und ihre Behandlung der Persönlichkeitstheorie vorgeordnet.

Carl R. Rogers

2.3.1

phänomenologische Theorie

Mittelpunkt der Arbeit von Rogers (1902–1987) war eine Theorie der Veränderung. Sie erklärt, wie Menschen lernen, ihre Bedürfnisse und Wünsche (wieder) zu erfahren und als Teil ihrer Person zu akzeptieren (Rogers 2006). Seine Theorie wird auch als „phänomenologische" Theorie bezeichnet, weil die Wahrnehmung des Menschen von sich und seiner Umwelt als wesentlich für seine Selbstdefinition angesehen wird.

Persönlichkeitsstruktur

Zur Beschreibung der Strukturen der menschlichen Persönlichkeit und ihrer Prozesse hat Rogers eine Reihe von zentralen Begriffen geprägt (Rogers 1991).

Definition

Das **phänomenologische Feld** besteht aus allen Wahrnehmungen der Umwelt, denen eine Person Aufmerksamkeit schenkt und die sie mit Bedeutung versieht. Das **Selbst / Selbstkonzept** umfasst diejenigen Wahrnehmungen aus dem phänomenalen Feld, die sich auf die eigene Person beziehen. Die Wahrnehmungen, die das Selbst ausmachen, sind überwiegend bewusst und nicht zufällig, denn sie stellen ein überdauerndes Muster dar, auch wenn sie veränderbar sind.

Beispiel

So kann die Wahrnehmung „Ich bin eine gute Studentin" ein wesentlicher Aspekt des Selbstkonzepts sein, das die Wahrnehmungen für die Zeit des Studiums entscheidend prägt. Leistungssituationen und Bewertungen eigener Leistungen stellen dann besonders wichtige Rückmeldungen über das Selbst dar. Das Selbstkonzept ist aber nicht statisch, sondern kann sich, im Sinne der Aktualisierungstendenz verändern, z. B. wenn das Studium zu Ende ist und der Teilaspekt des Selbst „gute Studentin" nicht länger wahrnehmungs- und handlungsbestimmend ist.

Definition

Das **Real-Selbst** ist die Selbstwahrnehmung eines Menschen über seine aktuellen Fähigkeiten, Eigenschaften und Verhaltensweisen. Dagegen stellt das **Ideal-Selbst** das Selbst dar, das sich ein Mensch wünscht.

Selbst und Erfahrung

Die Inhalte dieser Persönlichkeitsstrukturen und die Erfahrungen, die Menschen in ihrer Umwelt machen, können gut oder schlecht übereinstimmen. Dabei sind zwei Aspekte wesentlich:

- **Konsistenz:** Nach Rogers bedeutet dies die Übereinstimmung zwischen den Selbstwahrnehmungen in verschiedenen Situationen.

Beispiel

Wenn sich jemand für eine gute Studentin hält, dann wird diese Person auch versuchen, sich damit übereinstimmend zu verhalten, um ihre innere Ordnung und Maßstäbe zu erhalten.

- **Kongruenz:** Dies meint zum einen die Übereinstimmung des Selbst mit den Erfahrungen, die ein Mensch macht, und zum anderen die Übereinstimmung zwischen dem Ideal-Selbst und dem Real-Selbst.

Abwehrprozesse bei Inkongruenz

Häufig machen Menschen Erfahrungen, die nicht damit übereinstimmen, wie sie sich selbst wahrnehmen.

Beispiel

Die „gute Studentin" erfährt beispielsweise, dass sie in einer Klausur eine schlechte Note hat.

Kann diese inkongruente Erfahrung nicht in das Selbstkonzept integriert werden, dann entsteht Angst: Das Selbstkonzept wird als gefährdet erlebt, und der Gefährdung wird mit Schutzmechanismen zu begegnen versucht. Rogers beschrieb dabei zum einen den Prozess der **Subzeption**, bei dem eine mit dem Selbstkonzept nicht vereinbare Erfahrung von der bewussten Wahrnehmung ausgeschlossen wird. Weiterhin können **Erfahrungen** wahrgenommen, aber **verleugnet** werden, oder die Erfahrungen werden **verzerrt**.

Beispiel

Im obigen Beispiel etwa könnte die Studentin die Erfahrung schlechter Noten durch Interpretationen wie „Das sind ganz unwichtige Noten" oder „Der Dozent ist unfair" verzerren.

Selbstaktualisierung und Wachstum

Gesunde Entwicklung, Selbstaktualisierung und Wachstum sind nur dann möglich, wenn ein Mensch Erfahrungen jeder Art zulassen und als Teil der Definition der eigenen Person nutzen kann.

Beispiel

Die Selbstdefinition „Ich bin eine gute Studentin" etwa könnte erweitert und differenziert werden, indem die neuen Erfahrungen in das Selbst integriert werden: „Ich bin in fast allen Fächern eine gute Studentin, aber Persönlichkeitspsychologie liegt mir nicht so und daher habe ich dort schlechtere Noten".

Selbst und unbedingte Wertschätzung

Rogers erlebte bei Menschen, die eine psychische Störung entwickelt hatten, häufig die Notwendigkeit, viele Aspekte des eigenen Selbst (etwa negative Gefühle wie Ärger oder Hass) sowie Erfahrungen abzuwehren, weil sie das Selbstsystem bedrohten. Die Ursachen dafür sah Rogers meist in der frühen Kindheit. Kleine Kinder haben, so Rogers, ein Bedürfnis nach positiver Beachtung und unbedingter, d.h. an keine Bedingungen geknüpfter Wertschätzung. Erhalten sie diese, dann können sie sich selbst wertschätzen und als ganze Person akzeptieren. Dies bedeutet auch, dass sie schwierige oder unangenehme Anteile (etwa: Wut und Aggression) an sich selbst wahrnehmen und annehmen können.

Folgen bedingter Wertschätzung

Lehnen die Eltern Eigenschaften des Kindes ab oder machen sie dem Kind deutlich, dass es für sie nur ohne diese Eigenschaften liebenswert ist, dann muss das Kind entsprechende Wahrnehmungen („Ich fühle Wut") ausblenden und verleugnen, weil sie die Liebe der Eltern gefährden. Diese Erfahrung kann die Tendenz zur Selbstaktualisierung und zu Wachstum blockieren. Das Selbstkonzept wird starr, da Selbstwahrnehmungen und Erfahrungen aus der Umwelt nicht mehr zugelassen werden können.

Dies bedeutet nicht, dass Eltern ihren Kindern keine Rückmeldungen über schädigende oder dysfunktionale Verhaltensweisen geben dürfen, aber diese müssen auf das konkrete Verhalten bezogen sein (im Sinne von „Ich sehe, dass du wütend bist, aber ich akzeptiere nicht, dass du deine kleine Schwester schlägst") und dürfen den grundlegenden Wert des Kindes nicht in Frage stellen. Auch im späteren Lebensalter können Erfahrungen von bedingter Wertschätzung zu Fehlentwicklungen führen. Die positive Wertschätzung von wichtigen Bezugspersonen ist für die Weiterentwicklung und Entfaltung der eigenen Möglichkeiten und damit für das Wohlbefinden einer Person höchst bedeutsam.

klientenzentrierte Psychotherapie

Solche Einschränkungen in der Entwicklung – die für Rogers ein lebenslanger Lernprozess war – lassen sich durch therapeutische Maßnahmen korrigieren. Rogers war Begründer der klientenzentrierten Psychotherapie, deren wesentlicher Bestandteil die **therapeutische Beziehung** ist. In dieser Beziehung soll der Therapeut durch akzeptierendes und wertschätzendes Verhalten der hilfesuchenden Person ermöglichen, wieder Zugang zu ihren eigenen Gefühlen und Wahrnehmungen zu erlangen und diese als Teil der eigenen Person anzunehmen.

2.3.2 Abraham Maslow

Kritik an der Lerntheorie

Die Entwicklung eines humanistischen Persönlichkeitsverständnisses geht bei Maslow (1908–1970) einher mit einer Kritik der lerntheoretischen Konzeption vom Menschen als einer Maschine, die durch Reiz-Reaktions-Mechanismen bestimmt wird. Maslow war Experimentalpsychologe und Behaviorist, bevor er sich mit neoanalytischen und humanistisch geprägten Menschenbildern auseinandersetzte. Im Zuge dieser Auseinandersetzung wurde er ein Verfechter einer ganzheitlichen Sicht des Menschen. Er vertrat, ebenso wie Rogers, die Auffassung, dass der Mensch in seiner Natur gut oder zumindest neutral und grundsätzlich darauf ausgerichtet ist, nach Wachstum und Entwicklung zu streben. Wird diese Motivation durch einengende Umweltbedingungen gehemmt, dann kommt es zu psychopathologischen Prozessen.

Motive und Bedürfnisse

Für Maslow sind Motive und Bedürfnisse grundlegend für die menschliche Persönlichkeit, aber sie dürfen nicht isoliert betrachtet werden. So ist auch ein Grundbedürfnis wie Hunger nicht etwas, das nur den entsprechenden Teil des Organismus betrifft, sondern es betrifft die ganze Person (Maslow 1954). Weiterhin lassen sich auch die Bedürfnisse nicht ohne ihren Bezug zueinander verstehen, denn oftmals ist ein Verhalten durch mehrere Bedürfnisse gleichzeitig motiviert.

Beispiel

Das Bedürfnis, nach einem Streit mit der Freundin eine Tafel Schokolade zu essen, kann ebenso der Befriedigung eines physiologischen Grundbedürfnisses wie dem Bedürfnis nach Trost und Sicherheit dienen.

keinen Sinn in ihr sehen kann. Auch eine schlechte Anpassung ist hilfreicher als gar keine. Wir wollen diesen Mustern ... den Namen **Konstrukte** geben.“ (S. 22)

Funktionen von Konstrukten

Ohne die Organisation unserer Wahrnehmung durch Konstrukte wäre die Welt und ihre vielen Informationen für uns chaotisch und unvorhersehbar. Deshalb brauchen wir nach Ansicht Kellys Konstrukte, die uns helfen, uns zurechtzufinden und Situationen angehen zu können. Für Kelly sind „schlechte“ Konstrukte deshalb auch besser als gar keine Konstrukte (s. Kasten 2.6).

Kasten 2.6

Konstrukte in der Psychotherapie

Kelly arbeitete zu Beginn seiner Karriere als Psychoanalytiker. Er stellte allerdings fest, dass die Ideen von Freud und der Psychoanalyse nicht den Bedürfnissen seiner Patienten angemessen waren. Er begann deshalb ein Experiment, bei dem er seinen Patienten zufällig gewählte oder gar absurde Erklärungen für ihr Leiden anbot und schaute, wie diese darauf reagierten. Zu seiner Überraschung waren diese teils absurden Erklärungen oder Konstrukte, wie Kelly es nannte, offenbar hilfreich für die Patienten. Er schloss daraus, dass nicht der Inhalt einer Intervention eine Psychotherapie erfolgreich macht, sondern es vielmehr entscheidend ist, dass der Patient seine Realität in einer anderen als der bisherigen Sichtweise konstruieren kann (Kelly 1969).

Grundpostulat

Kelly hat seine Theorie auf einem zentralen **Grundpostulat** aufgebaut. Dieses Grundpostulat formalisiert, wie die Interpretation unserer Erfahrungen und die Ableitung von Erwartungen aus diesen Interpretationen unser Erleben und Verhalten bestimmt.

Definition

„Die psychischen Prozesse eines Menschen werden durch die Art und Weise, in der er Ereignisse antizipiert, psychologisch vermittelt und geprägt.“ (Kelly 1955, 46)

Korrolarien

Die verschiedenen Implikationen, die sich nun aus dem Grundpostulat ableiten lassen, nannte Kelly **Korrolarien** (logische Folgesätze). Insgesamt hat Kelly elf Korrolarien abgeleitet, die sich auf die Eigenschaften, den Gültigkeitsbereich und die Bedeutsamkeit von Konstrukten für das Verständnis der menschlichen Persönlichkeit und der Kommunikation zwischen Menschen beziehen (Bannister/Fransella 1981).

2.4.2 Eigenschaften von Konstrukten

Beispiel

Um ein Konstrukt für die Lehrform „Vorlesung" zu entwickeln, muss eine Studentin Erfahrungen gemacht haben, worin sich Situationen, die Vorlesungen genannt werden, ähneln (eher zuhören, hoher Redeanteil der Dozentin, viel mitschreiben), und was sie von anderen Situationsklassen, wie z.B. Seminaren und Übungen, unterscheidet. Erst wenn sie eine Vorstellung von Vorlesungen entwickelt hat, die sowohl die definierenden Elemente als auch die Elemente enthält, die nicht zu einer Vorlesung gehören, ist ein Konstrukt entstanden.

Bipolarität

Solche Konstrukte lassen sich anhand bestimmter Eigenschaften beschreiben. Konstrukte sind immer **bipolar**, d.h. sie bestehen aus einem Ähnlichkeits- und einem Gegensatzpol.

Beispiel

„Heiß" etwa ist ohne den Gegensatzpol „kalt" nicht vorstellbar, ebenso wie „gut" ohne den Gegensatzpol „schlecht" nur schwer denkbar ist.

Kasten 2.7

Die Erfassung von Konstrukten anhand der Gittertechnik

Auf der Grundlage seiner Vorstellungen hat Kelly die Gittertechnik (Repertory-Grid-Technik) als Verfahren zur Erfassung von persönlichen Konstrukten entwickelt (→ Kap. 1.3). Kelly interessierte sich besonders für die Konstrukte, die Menschen von ihrer sozialen Umgebung haben (z.B. Partner, Kinder, Freunde und Verwandte).

Es gibt verschiedene Varianten der Gittertechnik, aber bei den meisten Varianten erstellen die Probanden in einem ersten Schritt eine Liste mit einer Reihe von für sie wichtigen Personen ihres sozialen Umfelds. Diese Personen stellen in der Notation von Kelly „Elemente" dar. Nachdem die Elemente festgelegt wurden, folgt im zweiten Schritt die Gewinnung der Konstrukte. Hierbei werden aus der Menge der Elemente nach Zufall Triaden gebildet, die jeweils drei Elemente enthalten. Die Aufgabe des Probanden ist nun, sich für jede Triade zu überlegen, in welcher Weise zwei der drei Elemente (Personen) einander ähnlich sind und sich darin von dem dritten Element unterscheiden. So kann ein Proband z.B. die zwei Elemente „Manja" und „Freda" als ähnlich bewerten, weil ihnen gemeinsam ist, dass sie „sehr kompetent" sind. Das dritte Element „Elke" wird hingegen als unähnlich bewertet, weil diese als „inkompetent" eingeschätzt wird. Das erfasste Konstrukt ist dann „kompetent", mit dem Kontrastpol „inkompetent". Danach wird mit der nächsten Triade fortgefahren, bis ungefähr so viele Konstrukte wie Elemente vorliegen.

Die Gittertechnik ermöglicht eine individuumspezifische Auswertung der bedeutsamen Konstrukte, ihrer Inhalte, der Ähnlichkeits- und Gegensatzpole und auch der Vielfältigkeit der verwendeten Konstrukte. Da keine allgemeingültigen Systeme erhoben werden, handelt es sich um ein idiografisches (d.h. auf das Einmalige und Individuelle abzielendes) Verfahren.

nonverbale Konstrukte

Konstrukte sind meistens verbal, also durch einen Begriff gekennzeichnet. Es gibt jedoch auch **nonverbale** Konstrukte, weil auch kleine Kinder, die noch nicht über Sprache verfügen, Konstrukte zum Umgang mit ihrer Welt ausbilden. Zustände wie hungrig vs. satt, zufrieden vs. unzufrieden oder vertraute vs. fremde Person sind für Kinder unterscheidbar. Die Bezeichnungen dafür entwickeln sich erst im Laufe der Entwicklung.

durchlässige Konstrukte

Ferner kann ein Konstrukt mehr oder weniger **durchlässig (permeabel)**, also für neue Erfahrungen offen und veränderbar sein (s. Kasten 2.8).

Beispiel

So kann eine Studentin ein Konstrukt besitzen, dass eine Vorlesung immer mindestens 100 Hörer und Hörerinnen hat und ausschließlich die Dozentin redet. Erlebt sie nun eine Veranstaltung, die als Vorlesung ausgewiesen ist, bei der aber nur zehn Studierende anwesend sind, dann kann sie ihr Konstrukt von Vorlesung erweitern – falls das Konstrukt permeabel ist. Ist es impermeabel, dann fällt die vorliegende Situation nicht in den Geltungsbereich des Konstrukts „Vorlesung" und braucht eine andere Benennung.

Kasten 2.8

Furcht, Angst und psychische Störungen

Die Durchlässigkeit und Veränderbarkeit des Konstruktsystems aufgrund von widersprüchlicher oder neuer Erfahrung ist nach Kelly entscheidend für die Anpassung des Menschen. Wenn Menschen die Erfahrung machen, dass sie Ereignisse, mit denen sie konfrontiert werden, nicht durch ihr Konstruktsystem interpretieren können, tritt Furcht oder gar Angst auf. Wenn nur ein eher nebensächlicher Teil der Welt als bedeutungslos und unvorhersagbar wahrgenommen wird, dann erleben Menschen **Furcht** als eine spürbare, aber abgeschwächte Form der Angst. Merkt hingegen jemand, dass in entscheidenden Aspekten des eigenen Konstruktsystems Veränderungen notwendig sind, um wieder Kontrolle über die Welt erlangen zu können, dann entsteht **Angst**.

Hierarchie von Konstrukten

Konstrukte stehen nicht unverbunden nebeneinander, sondern sind in einem hierarchischen Konstruktsystem angeordnet. Einige Konstrukte sind übergeordnet und schließen viele andere Konstrukte ein (gut vs. schlecht dürfte für viele Menschen ein übergeordnetes Konstrukt sein, dem andere Konstrukte wie schön vs. hässlich oder gefährlich vs. ungefährlich untergeordnet sind).

zentrale Konstrukte

Weiterhin gibt es zentrale Konstrukte, die für einen Menschen besonders wichtig sind, und eher unwichtige, randständige Konstrukte.

Beispiel

Für einen Restaurantkritiker wird das Konstrukt gutes vs. schlechtes Essen sehr zentral sein, während dieses Konstrukt für jemanden, der im Essen überwiegend Nahrungsaufnahme zum Erhalt des Organismus sieht, eher peripher sein wird.

Konstruktiver Alternativismus und Persönlichkeit

2.4.3

individuelle Konstruktion von Realität

Wir bilden aufgrund unserer Erfahrungen Konstrukte aus, mit deren Hilfe wir die Welt um uns herum interpretieren. Eine logische Konsequenz dieser Idee ist, dass es keine allgemeingültige, von allen geteilte Wirklichkeit gibt. Vielmehr erklären Menschen ihre Umwelt in jeweils unterschiedlicher Weise, d.h. die Wirklichkeit wird individuell konstruiert. Es gibt damit keine Wirklichkeit unabhängig von unseren Konstruktionen.

Wahlmöglichkeit

Kelly nahm an, dass für jedes Erfahrungsmuster eine nahezu unendliche Anzahl von unterschiedlichen Konstrukten gebildet werden kann. Dies bedeutet auch, dass wir wählen können, welches Konstrukt wir heranziehen. Dies ist ein ganz entscheidender Unterschied zu anderen Persönlichkeitstheorien. Menschen sind nicht Gefangene ihrer Erfahrungen, sondern diese liefern lediglich „Daten", aus denen sie dann selbst wählen können, wie sie diese Erfahrung konstruieren – mit den entsprechenden Konsequenzen für das Verhalten. Das Konstruktsystem basiert damit zwar auf Erfahrungen, wird aber dadurch nicht determiniert.

Beispiel

Wenn wir eine schlechte Kindheit hatten, würde dies z.B. nach neoanalytischem Verständnis (→ Kap. 2.2) wahrscheinlich dazu führen, dass wir eine Grundangst oder ein starkes Minderwertigkeitsgefühl ausbilden. Nach Kelly haben wir hingegen die Möglichkeit zu wählen, wie wir diese negativen Erfahrungen konstruieren. Wir können aufgrund dieser Erfahrungen z.B. das Konstruktsystem ausbilden, dass die Welt feindselig und bösartig ist. Genauso plausibel ist aber auch die Schlussfolgerung, dass, egal was das Leben nun noch bringt, wir damit schon fertig werden.

Definition

Beide Schlussfolgerungen sind aufgrund der Erfahrung gleichermaßen gerechtfertigt. Die Möglichkeit, die gleiche Situation oder das gleiche Ereignis unterschiedlich konstruieren zu können, nennt Kelly **Konstruktiver Alternativismus**.

Persönlichkeitsunterschiede rühren damit nach Kelly daher, dass Menschen sich darin unterscheiden, für welche Erfahrungen sie Konstrukte ausbilden und wie diese inhaltlich gefüllt und organisiert sind.

zwischenmenschliche Kommunikation

Dies hat weitreichende Auswirkungen auf die menschliche Kommunikation und Interaktion. In dem Ausmaß, in dem eine Person eine Konstruktion von Erfahrungen verwendet, die der einer anderen Person ähnlich ist, werden ihre psychologischen Prozesse denen der anderen Person ähnlich sein. Dies bedeutet auch: Ein wirkliches Verstehen einer anderen Person ist nur in dem Maße möglich, in dem man ihre Art der Konstruktion der Welt nachvollziehen kann.

Definition

Konstrukte und **Konstruktsysteme**, also die Art, Anzahl, Beschaffenheit und Organisation der Konstrukte, sind in den konstruktivistischen Persönlichkeitstheorien das, was die Persönlichkeit eines Menschen ausmacht. Will man einen Menschen verstehen, dann muss man sein Konstruktsystem kennen.

Mensch als Wissenschaftler

Auch wenn wir frei sind zu wählen, wie wir Erfahrungen konstruieren, gibt es dabei dennoch allgemeine systematische Grundregeln. In diesem Zusammenhang hat Kelly die Analogie des „Menschen als Wissenschaftler" geprägt. Wissenschaftler erhalten durch Beobachtung der Umwelt „Daten", auf deren Grundlage sie Hypothesen und Theorien zur Erklärung von Zusammenhängen ableiten. Jedoch determinieren die Daten nicht die Hypothesen, da es immer mehrere gibt, die eine Erklärung bieten. Welche Hypothese bzw. Theorie letztlich als die Beste ausgewählt wird, orientiert sich in erster Linie daran, wie sparsam und einfach sie die Daten erklärt.

Kelly war der Meinung, dass sich Alltagsmenschen in vergleichbarer Weise verhalten. Unsere Erfahrungen bilden die Daten, auf deren Grundlage wir dann Interpretationen bzw. Annahmen ausbilden, wie die Dinge in unserer Welt zusammenhängen. Dies bedeutet, dass wir in den Situationen, die wir erleben, Regelmäßigkeiten beobachten und diesen bestimmte Gesetzmäßigkeiten zuschreiben („Immer wenn ich in mein Lieblingsrestaurant gehe, schmeckt mir das Essen"). Aus diesen leiten wir wiederum Erwartungen und Vorhersagen für kommende Situationen ab („Bei meinem nächsten Besuch in meinem Lieblingsrestaurant erwarte ich wieder ein leckeres Essen"). Diese Erwartungen entsprechen in ihrer Form und Funktion den Hypothesen

Merksatz

Nicht Triebe oder eine angeborene Tendenz zu Wachstum und Entwicklung bestimmen damit das menschliche Handeln, sondern das Streben nach einem immer effektiveren Umgang mit der Welt, der durch immer bessere und zutreffendere Theorien über die Welt ermöglicht wird.

und Theorien, die Wissenschaftler hinsichtlich der sie interessierenden Phänomene aufstellen: Ausgehend von der Identifizierung und Interpretation von Ähnlichkeiten zwischen Ereignissen in der Vergangenheit erwarten Menschen, Alltagsmenschen wie Wissenschaftler, dass Ereignisse in Zukunft genauso oder ähnlich sein werden.

Motivation menschlichen Verhaltens

Konstruktivistische Ansätze mit ihrem Fokus auf Kognitionen, wie Erwartungen, beantworten die Frage nach der menschlichen Motivation damit anders als andere Ansätze: Menschen sind demnach motiviert, immer bessere (d.h. zutreffendere) Vorhersagen zu machen, um dadurch sich selbst und ihre Umwelt immer genauer zu verstehen, so dass sie sich in Situationen erfolgreich verhalten können und ein Gefühl von Kontrolle erfahren.

2.4.4 Bewertung der Persönlichkeitskonstrukttheorie

umfassende Theorie

Kelly hatte den Anspruch, eine umfassende Theorie der Strukturen und Prozesse der menschlichen Persönlichkeit in sparsamer und abstrakter Form vorzulegen. In Bezug auf die Bedeutsamkeit von Kognitionen für die Persönlichkeit hat er damit eine interessante Alternative zu anderen Ansätzen geschaffen. Sowohl die Individualität von Menschen als auch die den Menschen bewegende Motivation sind durch die Kognitionen erklärbar.

rationales Menschenbild

Kelly geht damit im Gegensatz z.B. zu psychoanalytischen Ansätzen von einem rationalen Menschenbild aus, denn prinzipiell sollten alle Erfahrungen, Ereignisse und Wahrnehmungen bewusstseinsfähig sein, wenn ein entsprechendes Konstrukt vorhanden ist.

Kritik

Andere Aspekte, vor allem Emotionen und den Zusammenhang zwischen Kognitionen und Verhalten betreffend, sind demgegenüber weniger deutlich herausgearbeitet.

alternatives Wissenschaftsverständnis

Indem Kelly die Analogie vom Menschen als Wissenschaftler vorgeschlagen hat, bricht er das traditionelle Verständnis von Wissenschaft und Wissenschaftlern auf. Sein Anspruch war es, eine brauchbare Theorie zu entwickeln, die möglichst viele Aspekte der Persönlichkeit erklärt und dazu anregt, neue Hypothesen zu generieren, die letztlich zu einer neuen, brauchbareren Theorie führen sollen. Theorien sind ebenso wenig wie alle anderen Konstrukte Wahrheiten, sondern der Versuch von Menschen, das zu einem Zeitpunkt bestmögliche Erklärungsmodell für Phänomene zu entwickeln. In diesem Sinne agieren Wissenschaftler in Kellys Verständnis ebenso wie alle anderen Menschen bei der Suche nach Interpretationen und Vorhersagen.

Literatur

Westmeyer, H. & **Weber, H.** (2004). Die Theorie der personalen Konstrukte. In K. Pawlik (Hrsg.), Enzyklopädie der Psychologie: Differentielle Psychologie und Persönlichkeitsforschung, Bd. 5, 59–113. Göttingen: Hogrefe.

Walker, B. M. & **Winter, D. A.** (2007). The elaboration of personal construct psychology. Annual Review of Psychology, 58, 453–477.

Übungsaufgaben

1 Wie definiert Kelly „Konstrukte"?
2 Was ist die treibende Kraft des menschlichen Verhaltens?
3 Was besagt das Grundpostulat der Persönlichkeitskonstrukttheorie?
4 Was bedeuten die Grundannahmen der Konstrukttheorie für die menschliche Kommunikation?
5 Welche Daten können mit Hilfe der Gittertechnik erhoben werden?

Die Antworten finden Sie unter www.reinhardt-verlag.de.

2.5 | Eigenschaftstheorien

Eigenschaftstheorien sind eine Gruppe von Persönlichkeitstheorien, die Eigenschaften (synonym auch: Wesenszug oder Trait) als zentrale Beschreibungsmerkmale der menschlichen Persönlichkeit ansehen (→ Kap. 1.1.1 und 1.3).

Definition

Der Begriff der **Eigenschaft** steht für eine Klasse von Verhaltens- und Erlebensweisen, die eine Person relativ beständig über die Zeit und über unterschiedliche Situationen hinweg zeigt. Damit unterscheiden sich Eigenschaften von zeitlich begrenzten, wechselnden Zuständen (englisch: „states"), wie etwa Müdigkeit oder Stimmungen.

Eigenschaften und Verhalten

Eigenschaften sind, wie in → Kap. 1.1 und 1.3 bereits beschrieben wurde, nicht direkt beobachtbar, sondern sie werden über das beobachtbare Verhalten erschlossen. Es werden Verhaltensweisen definiert, die kennzeichnend für eine Eigenschaft sind, wie z.B. Lächeln und eine zugewandte Körperhaltung für die Eigenschaft Freundlichkeit. Wie stark eine Eigenschaft bei einer Person ausgeprägt ist, wird anhand der Verhaltensstärke und -häufigkeit erschlossen.

Beispiel

Jemand, der häufig und in verschiedenen Situationen lächelt und/oder eine zugewandte Körperhaltung zeigt, bekommt wahrscheinlich die Eigenschaft Freundlichkeit in einem hohen Ausmaß zugeschrieben.

Ziele von Eigenschaftstheorien

Eigenschaftstheorien haben den Anspruch, die Art und Anzahl der zentralen Persönlichkeitseigenschaften wissenschaftlich fundiert zu definieren. Darüber hinaus formulieren sie Vorstellungen über die Beziehungen zwischen Eigenschaften und dem Verhalten, das auf die Eigenschaft schließen lässt.

Exemplarisch werden nachfolgend drei eigenschaftstheoretische Ansätze vorgestellt: die Ansätze von Raymond B. Cattell und von Hans J. Eysenck sowie, als derzeit aktuellstem Ansatz, das Fünf-Faktoren-Modell der Persönlichkeitseigenschaften.

2.5.1 Die Eigenschaftstheorie von Raymond B. Cattell

Cattell (1905–1997) entwickelte ein aufwendiges Forschungsprogramm, um diejenigen Wesenszüge, die in seinem Verständnis grundlegend für die menschliche Persönlichkeit waren, zu identifizieren, zu beschreiben und zu ordnen.

Definition

Cattell klassifizierte Eigenschaften anhand unterschiedlicher Dimensionen. Unter anderem unterschied er Oberflächen- und Grundwesenszüge. **Oberflächenwesenszüge** treten manchmal, aber nicht regelhaft zusammen auf (wie etwa reserviert und schüchtern) und haben meistens keine gemeinsame Ursache. **Grundwesenszüge** bilden zusammen eine Persönlichkeitsdimension und variieren gemeinsam in ihrer Stärke (z.B.

Schüchternheit und Ängstlichkeit). Cattells Ziel war vor allem die Erforschung der Grundwesenszüge.

methodische Entwicklungen

Zur empirischen Prüfung seiner theoretischen Ideen entwickelte er vielfältige Testverfahren zur Erfassung der Persönlichkeit. Ferner trieb er die Entwicklung statistischer Verfahren entscheidend voran. Das gilt vor allem für die Faktorenanalyse, die die Auswertung großer Datenmengen ermöglicht (s. Kasten 2.9).

Kasten 2.9

Faktorenanalyse

Grundlage einer Faktorenanalyse sind quantifizierbare, also zählbare Daten, die das Verhalten von Menschen in verschiedenen Bereichen (z. B. zum Erleben und Verhalten in Leistungs- und sozialen Situationen) abbilden. Solche Daten werden häufig mit Fragebogen erhoben, bei denen die Befragten gebeten werden, das Zutreffen verschiedener Aussagen auf ihre Person einzuschätzen (z. B. "Es fällt mir schwer, vor einer großen Gruppe zu sprechen"). Die Einschätzungen stellen dann die Testwerte der befragten Personen dar (z. B. "stimmt ganz genau" entspricht dem Wert 1, "stimmt überhaupt nicht" dem Wert 4). Die Testwerte der Befragten zeigen häufig Zusammenhänge (mathematisch: Korrelationen) zwischen verschiedenen Verhaltensbereichen (z. B. jemand, der schüchtern ist, ist meist auch ängstlich). Ziel der Faktorenanalyse ist es, solche Gemeinsamkeiten aufzudecken und diejenigen Faktoren zu isolieren, die diese Gemeinsamkeiten am besten repräsentieren (der gemeinsame Faktor, der für die Korrelationen zwischen Schüchternheit und Ängstlichkeit verantwortlich sein könnte, ließe sich vielleicht als „emotionale Instabilität" bezeichnen). Die statistisch ermittelten Faktoren werden dann als zentrale Eigenschaften definiert.

Datenarten

Das Forschungsprogramm von Cattell sah vor, dass es verschiedene Zugänge oder Datenarten zur Beschreibung der menschlichen Persönlichkeit gibt (→ Kap. 1.3):

- Man kann Menschen beobachten und aus dem beobachteten Verhalten Rückschlüsse auf ihre Eigenschaften ziehen. Diese Daten nannte Cattell **L-(Life-record-)Daten**. Damit sind sowohl lebensgeschichtliche, persönlichkeitsrelevante Fakten gemeint (Schulnoten, Anzahl von Autounfällen) als auch Beobachtungen des Verhaltens einer Person durch einen Beobachter.

- Man kann Menschen außerdem mit Hilfe von Fragebogen nach ihren Selbstbeobachtungen befragen **(Q- oder Questionnaire-Daten)**.
- Eine weitere Möglichkeit stellen objektive Testsituationen dar **(T-Daten)**. Sie repräsentieren Miniaturausschnitte des Alltags, bei denen das dabei gezeigte Verhalten (z.B. die Reaktionsgeschwindigkeit bei einer Mustererkennung) Zugang zur Persönlichkeit vermittelt.

Cattells Anliegen war es, die grundlegenden, wirklich bedeutsamen Persönlichkeitseigenschaften aufzudecken und zu klassifizieren. Deshalb ging er davon aus, dass diese unabhängig von der Art der verwendeten Daten immer wieder aufzufinden sein müssen (Cattell 1967).

Cattells Forschungsprogramm

In den ersten Schritten seines Forschungsprogramms entwickelte Cattell **Fremdbeurteilungsinstrumente**, mit deren Hilfe er Personeneinschätzungen durch unabhängige Beobachter vornehmen ließ (L-Daten). Bei diesen Studien ließen sich 12–15 Eigenschaftsbereiche identifizieren, auf deren Grundlage **Selbstbeurteilungsfragebogen** (Q-Daten) konstruiert wurden. Die Selbsteinschätzungen mit diesen Fragebogen ergaben insgesamt 16 Faktoren, davon 12 Faktoren, die mit denen der Fremdbeurteilungen übereinstimmten. Darüber hinaus ergaben sich vier Faktoren, die nur bei den Selbsteinschätzungen gefunden werden konnten.

Kasten 2.10

Der 16-PF-R

Aus den Untersuchungen zu den Q-Daten entstand ein häufig verwendeter Fragebogen, der die 16 Persönlichkeitsfaktoren abbildet (deutsch: 16-PF-R; Schneewind/Graf 1998). Im 16-PF-R werden diese 16 Grundwesenszüge bzw. -eigenschaften jeweils als eine Persönlichkeitsdimension oder -faktor mit zwei Extrempolen dargestellt:

- Reserviertheit vs. Wärme
- Logisches Schlussfolgern niedrig vs. logisches Schlussfolgern hoch
- Emotionale Instabilität vs. emotionale Stabilität
- Nachgiebigkeit vs. Dominanz
- Ernsthaftigkeit vs. Lebhaftigkeit

- Unangepasstheit vs. Regelbewusstsein
- Schüchternheit vs. soziale Kompetenz
- Sachlichkeit vs. Empfindsamkeit
- Vertrauen vs. Wachsamkeit
- Bodenständigkeit vs. Abgehobenheit
- Selbstöffnungsbereitschaft vs. Privatheit
- Selbstsicherheit vs. Besorgtheit
- Traditionalismus vs. Offenheit für Veränderung
- Soziale Orientierung vs. Selbstgenügsamkeit
- Flexibilität vs. Perfektionismus
- Entspannung vs. Anspannung

Im letzten Schritt seines Forschungsprogramms versuchte Cattell, mit Hilfe einer großen Menge von **objektiven Tests** (T-Daten) eine Replikation der bisher aufgefundenen Persönlichkeitsdimensionen. Es ergaben sich hier 21 Persönlichkeitseigenschaften, die einige Bezüge zu den Dimensionen aus den anderen Datenarten aufwiesen, aber keine genaue Entsprechung darstellten. Der Anspruch, die Grundwesenszüge auf verschiedenen Wegen zu replizieren, konnte daher von Cattell nicht eingelöst werden.

Temperament, Fähigkeit, Motivation

Die Eigenschaften, die beispielsweise mit dem 16-PF-R erfasst werden, beziehen sich überwiegend auf temperamentsbezogene Eigenschaften. Cattell hat neben Temperamentseigenschaften noch Fähigkeitseigenschaften (im 16-PF-R durch die Dimension Logisches Schlussfolgern hoch vs. Logisches Schlussfolgern niedrig operationalisiert) und Motivationseigenschaften (oder dynamische Eigenschaften) unterschieden. Letztere beziehen sich auf Ziele und Bedürfnisse, die Menschen haben, sowie auf die Stärke der Motive.

situative Faktoren

Cattell nahm an, dass die Grundwesenszüge wesentliche Ursachen für das Verhalten sind, das Menschen in einer gegebenen Situation zeigen. Eigenschaften können das Verhalten aber nicht vollständig erklären, sondern werden im Zusammenspiel mit situativen Faktoren wirksam. Das können einmal momentane Zustände (states) sein:

Beispiel

Auch eine sonst zurückhaltende, wenig experimentierfreudige Person kann sehr neugierig darauf sein, was sich in der Verpackung eines ihrer Geburtstagsgeschenke verbirgt.

Außerdem müssen normative Situationsaspekte bei der Erklärung und Vorhersage von Verhalten berücksichtigt werden.

Das Typenkonzept von Hans J. Eysenck

2.5.2

hierarchische Persönlichkeitsstruktur

Ebenso wie Cattell war für Eysenck (1916–1997) die naturwissenschaftlich exakte Messung und Klassifikation der menschlichen Persönlichkeit das Ziel seiner Theorie. Eysenck ging dabei von einer hierarchischen Ordnung in der Beziehung zwischen Verhalten und Persönlichkeit aus:

- Auf der untersten Ebene sind **spezifische Verhaltensakte** angesiedelt, die in einer spezifischen Situation gezeigt werden (z. B. „Peter ruft unaufgefordert das Ergebnis einer Mathematikaufgabe in die Klasse").
- Beobachtet man eine Person über mehrere Situationen hinweg und sieht dabei, dass ähnliches Verhalten immer wieder gezeigt wird („Peter ruft auch im Englisch- und Deutschunterricht die Lösungen in die Klasse"), dann liegt eine **Verhaltensgewohnheit** vor.
- Zusammen mit anderen Verhaltensgewohnheiten (etwa „Peter wird ungeduldig, wenn er beim Kartenspielen nicht an der Reihe ist") bündeln sich die **Verhaltensgewohnheiten** zu einem Persönlichkeitszug oder einer **Eigenschaft** (hier: Lebhaftigkeit).

Im Unterschied zu Cattell ging Eysenck davon aus, dass sich die so beschriebenen Eigenschaften noch weiter zusammenfassen lassen, dass also mehrere Eigenschaften zu einer Dimension gehören. Diese übergeordneten Dimensionen nannte Eysenck „Typen". Lebhaftigkeit lässt sich mit anderen Eigenschaften wie Aktivität, Geselligkeit und Bereitschaft zu Risikoverhalten zu dem **Typenfaktor** „Extraversion" bündeln.

Definition

Im Typenkonzept von Eysenck werden drei nicht weiter zusammenzufassende **Typenfaktoren** unterschieden:

- *Extraversion* (gekennzeichnet durch Eigenschaften wie Impulsivität, Aktivität, Geselligkeit, Abenteuerlust, Lebhaftigkeit, Risikofreude),
- *Neurotizismus* (Ängstlichkeit, Schüchternheit, Launenhaftigkeit, Angespanntheit, Irrationalität) und
- *Psychotizismus* (Aggressivität, Hartherzigkeit, Gefühlskälte, Egozentrismus).

Menschen lassen sich danach charakterisieren, wie stark welcher Typus bei ihnen ausgeprägt ist und welches Verhalten entsprechend besonders häufig bei ihnen beobachtet werden kann.

Beispiel

Der typische Extravertierte etwa ist offen im Kontakt mit anderen Menschen, hält sich gerne in Gruppen auf, ist bereit, auch ungewöhnliches und gefährliches Verhalten zu zeigen, und sucht aktiv nach Stimulationen.

Zur Erklärung interindividueller Ausprägungen der Typenfaktoren nahm Eysenck (1991) biologische Unterschiede in verschiedenen physiologischen Systemen an:

Ursachen von Extraversion

- Extraversion brachte er mit dem **„Aufsteigenden Retikulären Aktivierenden System" (ARAS)** in Zusammenhang. Extravertierte und Introvertierte unterscheiden sich nach diesen Überlegungen dahingehend, welches Erregungsniveau sie als angenehm empfinden. Extravertierte sollten eine hohe Erregungsschwelle haben und daher Situationen mit einem hohen Aktivierungspotenzial aufsuchen (viele Menschen, laute Geräusche, „Nervenkitzel"), weil sie nur dadurch das für sie angenehme hohe Erregungsniveau erreichen können. Introvertierte haben eine niedrige Erregungsschwelle und sollten daher Situationen meiden, die zu einer Übererregung führen.

Ursachen von Neurotizismus

- Neurotizismus soll mit dem **limbischen System** in Zusammenhang stehen. Emotional labile Menschen reagieren stärker auf angst- und stresserregende Situationen und brauchen länger als emotional stabile Personen, um wieder in den „Normalzustand" zu kommen.

Ursachen von Psychotizismus

- Der dritte Typenfaktor, Psychotizismus, wird mit dem **Hormonsystem** und dort vor allem mit dem Hormon Testosteron in Verbindung gebracht.

Kritik

Es gibt zwar viele Hinweise auf einen Zusammenhang zwischen der Ausprägung der Typenfaktoren und dem lang- und kurzfristig angelegten Verhalten. Die biologische Fundierung der Persönlichkeitstypen entspricht jedoch nicht mehr den aktuellen Erkenntnissen der Biologischen Psychologie.

Das Fünf-Faktoren-Modell der Persönlichkeit

2.5.3

Neben den Vorschlägen von Cattell, Eysenck und anderen Wesenszugtheoretikern gab es schon früh Ansätze, die fünf breite Persönlichkeitsbereiche als die wesentlichen Kerndimensionen annahmen (Digman 1990). In den letzten Jahrzehnten haben sich diese Ansätze zu dem Fünf-Faktoren-Modell der Persönlichkeit verdichtet (englisch: „big five“). Eine wesentliche Entwicklungslinie dieses Modells ist der lexikalische Ansatz.

Definition

Der **lexikalische Ansatz** besagt, dass die Sprache einer Gesellschaft alle wichtigen Unterscheidungsmerkmale enthält, die die Mitglieder dieser Gesellschaft zur Beschreibung der Persönlichkeit brauchen. Folglich kann die Aufdeckung der wesentlichen Persönlichkeitsdimensionen durch die Analyse von Sprache geleistet werden.

Persönlichkeitsbegriffe

Bereits 1936 sichteten Allport und Odbert ein Standardwörterbuch der englischen Sprache und fanden dort fast 18.000 persönlichkeitsrelevante Begriffe. Diese Begriffe wurden von mehreren Autoren in vielen Arbeitsschritten reduziert, um zu Persönlichkeitsbegriffen zu gelangen, die dann Testpersonen in Form von Fragebogen zur Selbst- und Fremdbeschreibung vorgelegt wurden (s. Kasten 2.11).

Kasten 2.11

Empirische Basis des Fünf-Faktoren-Modells

Solche Fragebogen sind meistens die Basis der Untersuchungen zum Fünf-Faktoren-Modell der Persönlichkeit (McCrae/Costa 1987). Diejenigen Einschätzungen, die in regelhafter Weise miteinander zusammenhängen, werden mit Hilfe faktorenanalytischer Verfahren zu breiteren Persönlichkeitsdimensionen zusammengefasst. Diese Untersuchungen führten sehr häufig auch kulturübergreifend zu dem Ergebnis, dass die Selbst- und Fremdbeschreibungen anhand fünf unabhängiger, nicht weiter reduzierbarer Persönlichkeitsdimensionen erfolgen. McCrae et al. (2005) untersuchten in 50 Ländern insgesamt rund 12.000 Personen und konnten zeigen, dass dabei hohe Übereinstimmungen bestehen. Sie schlussfolgerten, dass das Fünf-Faktoren-Modell eine universelle, allen Menschen gemeinsame Struktur ist.

Inhalte der fünf Faktoren

Obwohl nicht alle Untersuchungen zu identischen Benennungen und Inhalten der Faktoren führten, gibt es derzeit eine gewisse Übereinstimmung darüber, folgende fünf Faktoren als die wesentlichen Eigenschaftsbereiche der menschlichen Persönlichkeit anzusehen:

Definition

- **Neurotizismus** (auch: psychische Labilität): Diese Dimension beschreibt den Grad der psychischen Anpassung. Ähnlich wie in dem Typenkonzept von Eysenck wird auch im Fünf-Faktoren-Modell eine hohe Ausprägung an Neurotizismus mit häufigen Zuständen von Nervosität, Besorgtheit, Ängstlichkeit und Irritierbarkeit in Verbindung gebracht.
- **Extraversion:** Extraversion bezieht sich auf das Ausmaß und die Intensität zwischenmenschlicher Interaktionen und dem allgemeinen Bedürfnis nach Stimulation. Menschen mit hoch ausgeprägter Extraversion sind häufig sozial aufgeschlossen, aktiv und interessiert an vielfältigen intensiven Sinneseindrücken.
- **Offenheit für neue Erfahrungen:** Vor allem eigenständiges Suchen nach Erfahrungen sowie Toleranz gegenüber Unbekanntem wird mit dieser Persönlichkeitsdimension in Verbindung gebracht. Hinsichtlich dieser Dimension gibt es die größten Kontroversen: Einige Persönlichkeitstheoretiker subsummieren unter diesen Faktor auch Intelligenz, während andere Ansätze die Intelligenz als Fähigkeit außerhalb des Fünf-Faktoren-Modells ansiedeln. Hohe Ausprägungen von Offenheit äußern sich in Neugierde, vielfältigen Interessen, Kreativität, Einfallsreichtum und Unkonventionalität.
- **Verträglichkeit** äußert sich in der Qualität zwischenmenschlicher Orientierungen. Menschen mit hoher Verträglichkeit verhalten sich häufig gutmütig, vertrauensvoll und leichtgläubig.
- **Gewissenhaftigkeit:** Diese Dimension bezieht sich auf die Organisation, Ausdauer und Motivation bei zielgerichtetem Handeln. Hier dominiert bei einer hohen Ausprägung systematisches Handeln, Fleiß, Disziplinierheit, Ehrgeiz und Ausdauer.

Auswirkungen auf Verhalten

Ob und in welchem Ausmaß Unterschiede in Persönlichkeitseigenschaften Auswirkungen auf Verhaltensbereiche wie den beruflichen Erfolg oder die Gesundheit haben, ist Gegenstand vielfältiger Studien. Häufig werden mögliche Beziehungen zwischen den Dimensionen des Fünf-Faktoren-Modells, dem gesundheitsbezogenen Verhalten und dem Auftreten von Erkrankungen untersucht. Bei Erwachsenen findet man immer wieder, dass Menschen mit hoher Gewissenhaftigkeit ein besseres Gesundheitsverhalten zeigen und dass hoch ausgeprägter Neurotizismus mit krankheitsbegünstigendem Verhalten und häufigem Klagen über Krankheitssymptome einhergeht (→ Kap. 3.2.3). Es gibt auch Hinweise dafür, dass die Persönlichkeit im Kindesalter Vorhersagen über das gesundheitsbezogene Verhalten im Erwachsenenalter ermöglicht.

Studie

Hampson et al. (2006) analysierten die Daten von 963 Personen, bei denen in der Kindheit Einschätzungen ihrer Persönlichkeit vorgenommen worden waren. Vierzig Jahre später wurden diese Personen nach ihrem Gesundheitsverhalten (Rauchen, Alkoholkonsum, Body Mass Index) und der selbst eingeschätzten Gesundheit befragt. Je höher z. B. die Ausprägung der Gewissenhaftigkeit in der Kindheit war, desto weniger rauchten die Personen als Erwachsene, desto günstiger war ihr Body Mass Index und desto günstiger schätzten sie ihre Gesundheit ein.

2.5.4 Stabilität von Eigenschaftsausprägungen über die Lebensspanne

Eine aktuelle Frage in der Differentiellen Psychologie ist die nach der Stabilität der grundlegenden Persönlichkeitseigenschaften über die Lebensspanne. Generell müssen hier verschiedene Formen der Stabilität bzw. Veränderung unterschieden werden, vor allem normative und individuelle Veränderungen.

Normative Veränderungen. Aktuell wird intensiv untersucht, ob es normative Veränderungen der Persönlichkeit über die Lebensspanne hinweg gibt. Normative Veränderungen treten auf, wenn die meisten Personen einer Kultur gleichartige Veränderungen in einem bestimmten Zeitraum zeigen.

- Solche normativen Veränderungen können aufgrund **historischer Bedingungen** (z. B. einschneidende politische Veränderungen) entstehen.

- Eine weitere Ursache sind **biologische Reifungsprozesse**, die überwiegend genetisch determiniert sind (z. B. Pubertätsbeginn).
- Eine dritte Ursache können Umweltereignisse wie normative Lebensereignisse sein, die eine **regelhafte Veränderung der Umwelt** darstellen und die alle oder sehr viele Personen einer Kultur erleben (z. B. Verlassen des Elternhauses, Berufseintritt).

Studie

McCrae et al. (2000) befragten Personen ab 14 Jahren aus fünf verschiedenen Kulturen (Deutschland, England, Spanien, Türkei und Tschechische Republik). Sie beobachteten in allen Kulturen Altersunterschiede hinsichtlich der Ausprägung der fünf Persönlichkeitsfaktoren. Neurotizismus und Extraversion nahmen mit zunehmendem Alter der Befragten ab, während Gewissenhaftigkeit in allen fünf Kulturen mit dem Alter anstieg. Für Offenheit für Erfahrungen und Verträglichkeit waren die Befunde in den verschiedenen Kulturen uneinheitlich. McCrae et al. (2000) argumentieren aufgrund dieser und ähnlicher Befunde, dass es universelle, d. h. für alle Personen gültige, **biologische Reifungsprozesse der Persönlichkeit** gibt. Weiter schlussfolgern sie, dass diese nach dem Alter von 30 Jahren nahezu abgeschlossen sind und danach eine hohe Stabilität der Persönlichkeit besteht.

Diese Schlussfolgerungen basieren zwar auf Daten sehr vieler Personen, aber in erster Linie auf Vergleichen von verschiedenen Altersgruppen, die alle zur gleichen Zeit befragt wurden. Damit kann jedoch eine normative Veränderung der Persönlichkeit im strengen Sinne nicht untersucht werden. Dazu benötigt man anstatt einer Querschnittsuntersuchung (viele Personen werden zum gleichen Zeitpunkt untersucht, aber jede Person wird nur einmal befragt) ein längsschnittliches Untersuchungsdesign, bei dem die gleichen Personen mehrmals untersucht werden.

Studie

Roberts et al. (2006) legten eine umfangreiche Metaanalyse mit 28.342 Personen zu der Frage vor, wann normative Persönlichkeitsveränderungen zu beobachten sind. Sie untersuchten dafür Alterskohorten, d. h. Personengruppen des gleichen Geburtsjahrgangs, die zwischen 1898 und 1982 geboren wurden. Dabei wurden diese im Abstand von rund zehn Jahren meist zweimal hinsichtlich sechs verschiedener Persönlichkeitseigenschaften untersucht (s. Abb. 2.2).

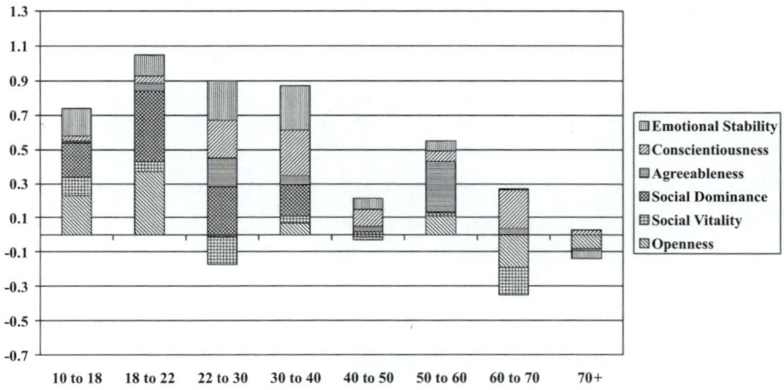

Abb 2.2

Normative Veränderungen von Persönlichkeitseigenschaften (aus Roberts et al. 2006, 15)

Die Ergebnisse zeigen normative Veränderungen sowohl im mittleren als auch im höheren Erwachsenalter für vier der sechs erfassten Persönlichkeitseigenschaften. Mit zunehmendem Alter scheinen wir verträglicher, gewissenhafter und emotional stabiler zu werden. Die Soziale Dominanz, eine Facette der Extraversion, scheint hingegen nach einem steilen Anstieg konstant zu bleiben. Die soziale Vitalität, eine zweite Facette der Extraversion, scheint dagegen genauso wie Offenheit für Erfahrung im jüngeren Erwachsenenalter zuzunehmen, um dann im höheren Erwachsenalter wieder abzunehmen.

Roberts et al. (2006) interpretieren diese Ergebnisse so, dass Veränderungen der Persönlichkeit nicht in der Kindheit oder nach der Pubertät abgeschlossen sind. Sie betonen die Bedeutung des jungen Erwachsenenalters für die Persönlichkeitsentwicklung, denn in dieser Lebensphase verlassen die meisten Menschen ihr Elternhaus, gründen selbst eine neue Familie und treten in den Beruf ein. Im Gegensatz zu McCrae et al. (2000) vertreten Roberts und Kollegen daher die Ansicht, dass diese normativen Persönlichkeitsveränderungen in erster Linie durch **Umweltveränderungen** und nicht durch biologische Reifungsprozesse bedingt sind und sich Persönlichkeit in Abhängigkeit von solchen Umweltveränderungen auch im späteren Erwachsenenalter verändern kann.

Studie

Weitere unterstützende Evidenz für diese Umweltthese konnten Neyer und Asendorpf (2001) erbringen. Sie fanden eine Abnahme von Neurotizismus über die Zeit nur bei denjenigen jungen Erwachsenen, die eine stabile Partnerschaft eingegangen waren, während alleinstehende Personen ohne Partnerschaft diese Abnahme nicht zeigten. Damit scheint ein Merkmal der persönlichen Umwelt (Partnerschaft) die Veränderungen des Neurotizismus zu bedingen. Da die meisten Menschen im Laufe des Lebens eine Partnerschaft eingehen, kann dadurch eine normative Veränderung der Persönlichkeit beobachtet werden, die nicht auf einen biologischen Reifungsprozess zurückzuführen ist.

Individuelle Veränderungen. Von normativen Veränderungen sind individuelle Veränderungen der Persönlichkeit zu unterscheiden. Individuelle Veränderungen beschreiben, wie sich eine **bestimmte** Person im Verlauf der Zeit verändert (z.B.: Ist mein Partner über die Zeit hilfsbereiter und einfühlsamer geworden?). Hier wird also **eine** Person aus einer längsschnittlichen Perspektive betrachtet und mehrmals untersucht. Von einer Persönlichkeitsveränderung sprechen wir dann, wenn sich über verschiedene Untersuchungszeitpunkte hinweg ein Zuwachs oder eine Abnahme in bestimmten Eigenschaften findet.

differentielle Veränderungen

Vergleicht man nun die individuelle Veränderung mit den durchschnittlichen, d.h. normativen Veränderungen, kann auf eine differentielle Veränderung geschlossen werden.

Studie

Neyer und Asendorpf (2001) haben in der oben beschriebenen Studie eine solche differentielle Veränderung für junge Erwachsene in Abhängigkeit des Beziehungsstatus gezeigt. Junge Erwachsene, die keine Partnerschaft eingingen, zeigten abweichend von der alterstypischen Abnahme des Neurotizismus über die Zeit keine solche positive Persönlichkeitsveränderung. Die differentielle Persönlichkeitsveränderung drückt sich nun darin aus, dass individuelle Besonderheiten der sozialen Umwelt (keine Partnerschaft) ein anderes, differentielles Veränderungsmuster bedingen.

Bewertung der Wesenszugtheorien der Persönlichkeit

2.5.5

strukturierte Beschreibungssysteme

Ein wesentlicher Verdienst der Wesenszugtheorien ist die Herstellung strukturierter, übersichtlicher Systeme zur Beschreibung der Persönlichkeit. Die Struktur variiert zwar zwischen den einzelnen Ansätzen, aber es gibt zumeist mehr Ähnlichkeiten als Unterschiede zwischen den Systemen (Digman 1990). Eine weitere Stärke der Ansätze liegt darin, dass die Strukturierung der Persönlichkeit anhand von Eigenschaften sehr alltagsnah und somit unmittelbar eingängig ist. Vor allem das Fünf-Faktoren-Modell der Persönlichkeit ist ein sehr häufig verwendeter Ansatz. Seine Stärke liegt darin, dass eine überschaubare Anzahl von Kerndimensionen der Persönlichkeit angenommen wird, für deren Erfassung es gut erprobte Fragebogen gibt.

Kritik

Allen Wesenszugtheorien ist gemeinsam, dass sie umfassende Beschreibungen individueller Unterschiede im Temperamentsbereich vorlegen. Da sie sich aber immer auf die Sprache stützen (z.B. auf Adjektivlisten oder Fragebogenaussagen), können die Beschreibungen nur hinsichtlich solcher Eigenschaften erfolgen, die in der Sprache Niederschlag gefunden haben. Andere Merkmale, für die es keine Begriffe gibt, bleiben ausgeschlossen.

Ein Problem der Wesenszugansätze liegt darin, dass sie (noch) keine wirklich ursächlichen Aussagen zur Beschaffenheit der menschlichen Persönlichkeit machen können. Eigenschaften werden als die Ursache von Verhalten angesehen (zum Verhalten zählen dabei auch Selbstaussagen, Gefühle und Gedanken), aber um auf die Eigenschaften zu schließen, wird das Verhalten als Indikator verwendet. Hier liegt ein Zirkelschluss vor. Dieser kann erst aufgehoben werden, wenn fundierteres Wissen über die genetischen Komponenten des Verhaltens und damit der Eigenschaften vorliegt und das Wechselspiel zwischen Anlage und Umwelt bei der Ausprägung von Eigenschaften besser geklärt ist.

Literatur

Goldberg, L. R. (1993). The structure of phenotypic personality traits. American Psychologist, 48, 26–34.

Wiggins, J. S. (Ed.) (1996). The five-factor model of personality. Theoretical perspectives. New York: Guilford Press.

Übungsaufgaben

1 Wie unterscheiden sich Eigenschaften von Zuständen?
2 Welches statistische Verfahren ist eng mit den Forschungen zu Wesenszugtheorien verknüpft?
3 Welche Überlegungen lagen dem Forschungsprogramm von Cattell zugrunde?
4 Worin unterscheidet sich der Ansatz von Eysenck von den beiden anderen vorgestellten Wesenszugtheorien?
5 Was ist die Grundannahme des lexikalischen Ansatzes, und welches Problem ist damit verbunden?
6 Was versteht man unter normativen Veränderungen der Persönlichkeit, und welche Ursachen werden dafür diskutiert?

Die Antworten finden Sie unter www.reinhardt-verlag.de.

2.6 | Das Persönlichkeitsverständnis in den Lerntheorien

Bedeutung des Lernens

Lernvorgänge spielen eine zentrale Rolle für das menschliche Denken, Verhalten und Erleben. Diese Grundannahme der Psychologie ist in unterschiedlichem Ausmaß in den verschiedenen Persönlichkeitstheorien verankert.

universeller Anspruch

Die frühen Lerntheorien hatten den Anspruch, nicht nur auf einzelne Bereiche wie die Persönlichkeit oder die menschliche Entwicklung anwendbar zu sein, sondern auf alles, was den Menschen ausmacht. Somit verstanden sich die frühen Lerntheoretiker auch als Persönlichkeitspsychologen, weil die menschliche Persönlichkeit für sie unter den Geltungsanspruch der Lerntheorien fiel.

Kasten 2.12

Kennzeichen der frühen Lerntheorien

- Ziel der Theorien ist die Beschreibung, Erklärung und Vorhersage von Verhalten.
- Die Aneignung, Aufrechterhaltung und Ausübung von Verhalten wird durch Lernvorgänge mit klar definierten Prozessen gesteuert.

- Die Lernprinzipien sind universell und gelten sowohl für Menschen wie auch für andere Organismen.
- Innere Prozesse sind ungeeignet zur Verhaltensbeschreibung, -erklärung und -vorhersage, weil sie einer Beobachtung und Manipulation nicht zugänglich sind.

Angewendet auf den Bereich der Persönlichkeit führen diese Annahmen zu einer Definition von **Persönlichkeit** als Phänomen, das „... sich unter wesentlicher Beteiligung von Lernprozessen formt bzw. bildet, das gemäß den Prinzipien des Lernens aufrechterhalten wird und sich unter gezielter Nutzung dieser Prinzipien verändern lässt" (Westmeyer 2005, 81). Einige der frühen Theoretiker gingen über diese Position deutlich hinaus und hielten die Annahme, dass es etwas wie „Persönlichkeit" geben könnte, für gänzlich unwissenschaftlich.

heutige Relevanz

Heute wird diese frühe, radikal-behavioristische Position nicht mehr verfolgt. Nichtsdestoweniger ist die Auseinandersetzung mit dem lerntheoretischen Verständnis von Persönlichkeit u. a. deshalb wichtig, weil es eine der Wurzeln der sozial-kognitiven Ansätze, einer aktuell bedeutsamen Theoriengruppe in der Persönlichkeitspsychologie, darstellt.

2.6.1 Grundbegriffe des Lernens

Konditionieren

Der lerntheoretische Zugang zur Persönlichkeit erfordert die Kenntnis der grundlegenden Lernprinzipien. Wesentliche Lernprinzipien, die für die frühen Lerntheoretiker bedeutsam waren, sind dabei das operante und das klassische Konditionieren.

Operantes Konditionieren. Das operante Konditionieren spezifiziert die Bedingungen, unter denen sich die Auftretenswahrscheinlichkeit für ein bestimmtes Verhalten erhöht oder senkt (Lefrançois 2003). Verhaltenssteuernd sind dabei die Konsequenzen, die auf ein Verhalten folgen.

Definition

Verhalten wird gezeigt, weil dieses in einer ähnlichen Situation zuvor verstärkt (belohnt) wurde. **Verstärkung** erhöht also die Auftretenswahrscheinlichkeit eines Verhaltens, und in analoger Weise senkt **Bestrafung** die Auftretenswahrscheinlichkeit eines Verhaltens.

Beispiel

Ein Kind, das den Tisch abdeckt und dafür ein Bonbon als Belohnung erhält, sollte bei nächster Gelegenheit wieder anbieten, den Tisch abzuräumen. Wird es als Konsequenz bestraft, so ist es unwahrscheinlicher, dass das gleiche Verhalten wieder gezeigt wird.

Als Verstärker können positive Konsequenzen (Bonbon) oder auch das Nichtauftreten oder Entfernen negativer Konsequenzen wirken (das Tischabdecken zieht als Konsequenz die Beendigung eines bestehenden Fernsehverbots nach sich). Als verhaltensreduzierende Bestrafung wirken sowohl eine direkte Strafe (etwa Ausschimpfen) als auch die Veränderungen oder Nichterhaltung einer positiven Konsequenz (Ausschalten des Fernsehers).

individuelle Wirkung von Verstärkern

Es gibt, vielleicht mit Ausnahme von Nahrung, kaum für alle Menschen in gleichem Maße wirksame Verstärker. Ein und dieselbe Konsequenz kann sowohl als Belohnung oder als Bestrafung wirken. Ein Lob etwa kann durchaus zu einer Verringerung der Auftretenswahrscheinlichkeit eines Verhaltens führen, wenn es von einer unsympathischen Person ausgesprochen wird. Viele Verstärker (z.B. Geld) und Bestrafungen werden außerdem erst durch Lernprozesse erworben. Nur durch das Setzen individuell bedeutsamer Konsequenzen kann Verhalten gezielt auf- oder abgebaut werden.

unbedingte Reize und Reaktionen

Klassisches Konditionieren. Bei diesem Lernprinzip stehen die Prozesse des Verhaltensaufbaus und -abbaus im Vordergrund (Lefrançois 2003). Ausgangspunkt des Verhaltensaufbaus sind angeborene oder unbedingte (unkonditionierte) Reize und Reaktionen.

Beispiel

Ein lautes Geräusch beispielsweise ist ein angeborener Reiz, weil es ohne vorherige Lernerfahrungen immer (bei normal Hörenden) zu einer Schreckreaktion führt. Die Schreckreaktion ist die unbedingte, weil nicht gelernte Reaktion.

bedingte Reize und Reaktionen

Wenn bei Auftreten eines unbedingten Reizes (lautes Geräusch wie ein Hupen) in unmittelbarer raum-zeitlicher Nähe ein anderer, bisher neutraler Reiz vorhanden ist (Auto), dann kann eine Koppelung der beiden Reize stattfinden. Der Anblick eines Autos kann zu einer ähnlichen

Schreckreaktion führen wie das Hupen selbst. Das Auto ist damit zu einem gelernten Reiz geworden, der zu einer Schreckreaktion führt.

Definition

Weil nicht der angeborene, sondern der erlernte Reiz die Reaktion auslöst, wird diese Reaktion als **erlernte bzw. konditionierte Reaktion** bezeichnet.

2.6.2 Persönlichkeit als Ergebnis von Lernerfahrungen

Watson und Skinner

Zwei der wichtigen Vertreter der frühen Lerntheorien sind John B. Watson (1878–1958) und Burrhus F. Skinner (1904–1990). Für beide gilt, dass sie die Lerntheorien entscheidend geprägt haben und sehr konsequent Lernmechanismen als die einzig bedeutsamen Prozesse zur Erklärung menschlichen Verhaltens und Erlebens und damit auch der Persönlichkeit ansahen.

Bedeutung von Umweltbedingungen

Lernen findet in ihrem Verständnis aufgrund des Vorhandenseins oder Fehlens von bestimmten Umweltbedingungen statt, und entsprechend sollte sich das Verhalten eines Menschen und damit seine Persönlichkeit allein über die Kenntnis seiner jeweiligen Umweltbedingungen erklären lassen. Dazu postulierte Watson in sehr zugespitzter Weise, dass letztlich jedes neugeborene Kind durch entsprechende Umweltbedingungen in seiner Entwicklung gesteuert werden kann und es nur von den Umweltbedingungen abhängt, ob es Arzt, Künstler oder Bettler wird (Horowitz 1992).

John B. Watson: Ausgehend von den angeborenen Reiz-Reaktions-Mustern werden nach Watson vor allem über klassisches Konditionieren neue Verhaltensmuster und -ketten geschaffen, die in ihrer Gesamtheit das ausmachen, was ein Mensch ist:

Definition

„Persönlichkeit ist nichts anderes als das Endprodukt unserer Gewohnheitssysteme.“ (Watson 1997, 270)

Studie

Bis heute wirken Watsons Untersuchungen zum emotionalen Verhalten von Kleinkindern in der Psychologie nach. Besonders bekannt (und berüchtigt) sind die Experimente mit Albert, einem Kleinkind, dem gezielt

Furcht vor einem vormals geliebten Haustier (durch laute Geräusche beim Spielen mit dem Tier) beigebracht wurde und der als Folgeerscheinung Furcht vor pelzigen Gegenständen entwickelte. Dieses in höchstem Maße unethische Vorgehen verdeutlichte die Bedeutung von Lernerfahrungen für den Erwerb von Gefühlen, in diesem Fall von Furcht und Angst.

Erlernbarkeit von Gefühlen

Nach Watsons Logik sind Gefühle, die einen Kernbereich der Persönlichkeit darstellen, also durch entsprechende Lernerfahrungen erworben und in gleicher Weise auch wieder verlernbar.

Burrhus F. Skinner: Während Watsons Ansatz überwiegend auf den Prinzipien des klassischen Konditionierens beruht, war für Skinner das Operante Konditionieren besonders bedeutsam für den Erwerb und die Ausübung von Verhalten (Iversen 1992).

Skinners Wissenschaftsverständnis

Verhalten wird durch die Kenntnis der genauen Verstärkungsbedingungen erklärbar und vorhersagbar und durch eine Manipulation der Verstärker veränderbar. Jedes Verhalten, egal ob bei Menschen oder anderen höher entwickelten Organismen, folgt den Prinzipien des Operanten Konditionierens. Daher waren für Skinner die Ergebnisse von Tierexperimenten übertragbar auf die Untersuchung menschlichen Verhaltens, und dementsprechend führte er viele Experimente z. B. mit Ratten oder Tauben durch. Für viele menschliche Verhaltensweisen, die von anderen Persönlichkeitspsychologen als Merkmale der Persönlichkeit angesehen werden, fand er dabei Entsprechungen im Tierverhalten.

Studie

Manche Menschen zeigen Verhaltensweisen, die auf der Oberfläche äußerst unlogisch erscheinen. Beispiele dafür sind das Tragen immer der gleichen Kleidungsstücke in Prüfungen oder die Vermeidung von schwarzen Katzen, die den Weg überqueren. Dieses Verhalten wird als „abergläubisches" Verhalten bezeichnet, da es irrational, aber sehr änderungsresistent ist. Bei Tauben konnte Skinner (1951) ein ähnliches Verhalten erzeugen. Er setzte hungrige Tauben in einen Käfig, in welchem ihnen in kurzen Zeitabständen Futter gegeben wurde. Die Futtergabe erfolgte dabei unabhängig vom Verhalten der Tauben. Sehr schnell zeigten die einzelnen Tauben bizarre Verhaltensweisen, z. B. drehen um die eigene Achse entgegen dem Uhrzeigersinn, von einem Bein auf das andere wechseln usw. Das Futter wirkte als Verstärker für das zufällig gezeigte Verhalten und erhöhte damit die Wahrscheinlichkeit, dass das gleiche Verhalten wieder gezeigt wurde. In ähnlicher Weise ist das Verhalten des Prüflings zu verstehen, der immer die gleiche Kleidung in Prüfungen trägt, weil er in der ersten, positiv verlaufenen Prüfung zufällig eben diese Kleidung trug.

Skinner hat sich auf kritisch-distanzierte Weise mit dem Phänomen „Persönlichkeit" beschäftigt. Er verwendet dafür den Begriff des „Selbst" und setzt diesen mit Persönlichkeit gleich.

Definition

Skinner definiert das Selbst (und damit die Persönlichkeit) als ein „organisiertes Reaktionssystem" (1953, 264), bei dem Einzelreaktionen in systematischer Weise zusammenhängen. Will man die Persönlichkeit eines Menschen erfassen, dann ist das Aufdecken der individuell einzigartigen Beziehungen zwischen dem Verhalten dieses Menschen und den auf das Verhalten folgenden Konsequenzen erforderlich. Die Unterschiedlichkeit der Verstärkungsbedingungen macht die Verschiedenartigkeit von Menschen aus.

2.6.3 Bewertung des lerntheoretischen Persönlichkeitsverständnisses

Persönlichkeit nach Lerngesetzen

Ein wesentliches Merkmal des frühen lerntheoretischen Persönlichkeitsverständnisses liegt darin, dass Persönlichkeit auf das Verhalten einer Person reduziert wird. Das Verhalten selbst unterliegt klar definierten Lerngesetzen, die empirisch sehr gut belegt sind und zur Entwicklung wirksamer Anwendungen (z.B. in der Verhaltenstherapie) geführt haben.

Determination und Veränderbarkeit

Die Gleichsetzung von Persönlichkeit und Verhalten bedeutet, dass der Mensch in seinem Verhalten, Denken und Fühlen gleichzeitig determiniert und veränderbar ist. Veränderbar, da es aufgrund der jeweils wirkenden Verstärkungsbedingungen er- und verlernt werden kann, aber determiniert, weil der Auf- und Abbau von Verhalten nicht durch den Menschen selbst, sondern durch die Umweltbedingungen bedingt ist.

Grenzen des Ansatzes

Aus heutiger Sicht ist der radikal-behavioristische Zugang zur Persönlichkeit keine Persönlichkeitstheorie im eigentlichen Sinn, da explizit kein Bezug auf in der Person liegende Konstrukte genommen wird. Trotzdem haben die Lerntheoretiker starken Einfluss auf Entwicklungen der aktuellen Persönlichkeitspsychologie genommen, bei denen kognitive und soziale Aspekte des Lernens als wesentliche Merkmale der menschlichen Persönlichkeit angenommen werden.

Literatur

Westmeyer, H. (2005). Lerntheoretische Ansätze. In H. Weber & T. Rammsayer (Hrsg.), Handbuch der Persönlichkeitspsychologie und Differentiellen Psychologie (S. 81–92). Göttingen: Hogrefe.

Übungsaufgaben

1. Warum sind die frühen Lerntheorien keine Persönlichkeitstheorien im engeren Sinn?
2. Worin unterscheiden sich das operante und das klassische Konditionieren?
3. Auf welche Lerninhalte zielte das Experiment mit dem kleinen Albert?
4. In welchem Maße können Menschen nach dem Verständnis der frühen Lerntheorien selbstbestimmt handeln?

Die Antworten finden Sie unter www.reinhardt-verlag.de.

2.7 | Sozial-kognitive Persönlichkeitstheorien

Persönlichkeit und Lernen

Nach dem Persönlichkeitsverständnis der frühen Lerntheorien kann die Persönlichkeit eines Menschen ausschließlich durch sein Verhalten und die Lernerfahrungen, die ursächlich für das Verhalten sind, erklärt werden. Diese Betrachtungsweise wird in den sozial-kognitiven Persönlichkeitsansätzen differenziert und entscheidend erweitert. Eine wesentliche lerntheoretische Grundannahme wird dabei jedoch beibehalten: Die menschliche Persönlichkeit formt sich durch Lernerfahrungen, und entsprechend lässt sich Persönlichkeit auch durch Lernvorgänge verändern.

Bedeutung von Kognitionen

Gelernt wird aber nicht nur das offen beobachtbare Verhalten, sondern auch Kognitionen, vor allem Erwartungen, die wiederum das Verhalten beeinflussen. Außerdem sind neben dem beobachtbaren Verhalten auch kognitive Aktivitäten, z. B. Handlungsplanungen, persönlichkeitsrelevant.

sozialer Kontext

Ferner messen sozial-kognitive Persönlichkeitsansätze dem sozialen Kontext von Lernerfahrungen einen hohen Stellenwert bei. Lernen ist immer Lernen in zwischenmenschlichen Bezügen. Das Verhalten einer Person erfolgt nicht nur reaktiv auf bestimmte (soziale) Umweltbedingungen, sondern verändert sie auch. Wesentliche Vertreter des sozial-kognitiven Persönlichkeitsverständnisses sind Julian B. Rotter und Albert Bandura.

2.7.1 Julian B. Rotter

Bedeutung von Erwartungen

Rotter (*1916) ist der Begründer der sozialen Lerntheorie. Obwohl im Namen der Theorie eher auf die soziale Einbettung von Persönlichkeit Bezug genommen wird, ist ein wesentlicher Bestandteil seines Persönlichkeitsverständnisses die Steuerung von Verhalten durch Kognitionen, insbesondere durch Erwartungen. Verhalten wird nicht durch konkrete Verhaltensfolgen im Sinne von Verstärkungen oder Bestrafungen gesteuert, sondern durch die **Erwartungen** von Verstärkungen oder Bestrafungen, also die kognitive Verarbeitung von Lernerfahrungen.

Vorhersage von Verhalten

Menschen haben weiterhin in den meisten Situationen die Wahl zwischen verschiedenen Verhaltensalternativen. Die soziale Lerntheorie wurde mit dem Anspruch entwickelt, eine Vorhersage zu ermöglichen, warum jemand in einer Situation gerade das aktuelle Verhalten wählt, und nicht eine der alternativen Verhaltensweisen. Ihr Ziel ist also die Rekonstruktion und Vorhersage von Verhalten und Erleben.

Definition

Persönlichkeit wird entsprechend verstanden als ein „Gefüge von Möglichkeiten zur Reaktion in bestimmten sozialen Situationen" (Rotter/Hochreich 1979, 105).

Grundkonstrukte des Verhaltens

Um Verhalten vorhersagen zu können, ist nach der sozialen Lerntheorie die Kenntnis von vier verhaltensrelevanten Faktoren erforderlich. Diese sind:

- das Verhaltenspotenzial (VP),
- die Erwartungen (E),
- der Verstärkungswert (VW) und
- die psychologische Situation (S).

Das Verhaltenspotenzial (VP). Hiermit ist die Wahrscheinlichkeit gemeint, dass ein Verhalten in einer bestimmten Situation oder Situationsart überhaupt auftreten wird. Verhalten wird dabei sehr weit definiert, nämlich als jede Handlung, die eine Reaktion auf einen Reiz darstellt und direkt oder indirekt gemessen werden kann.

Erwartungen (E). Erwartungen sind die subjektive Wahrscheinlichkeit, dass ein bestimmter Verstärker oder eine Gruppe von Verstärkern in einer bestimmten Situation auftreten wird – unabhängig davon, ob die Verstärker dann auch tatsächlich verfügbar sind. Erwartungen beinhalten sowohl die individuellen Erfahrungen mit dem speziellen Verstärker als auch Erfahrungen mit anderen Verhaltens-Folge-Beziehungen, die auf eine gegebene Situation übertragen werden. Erwartungen können also nach dem Grad ihrer Generalität unterschieden werden: Die Spannbreite reicht von spezifischen Erwartungen, die nur für eine genau umschriebene Situation gültig sind, bis hin zu generalisierten Erwartungen, die das Resultat gesammelter und abstrahierter Erfahrungen darstellen und besonders in neuen und mehrdeutigen Situationen verhaltenssteuernd wirken.

Kasten 2.13

Kontrollüberzeugungen

Kontrollüberzeugungen (→ Kap. 3.4.1) stellen in Rotters Persönlichkeitsverständnis aufgrund ihrer hohen Bedeutung für die Verhaltensauswahl und -steuerung zentrale Erwartungshaltungen dar. Rotter (1966) unterschied dabei zunächst internale und externale Kontrollüberzeugungen:

- **Internale** Kontrollüberzeugungen liegen vor, wenn ein Mensch sein eigenes Verhalten als ursächlich für einen Situationsausgang annimmt (Beispiel: „Das erste Treffen mit meinen neuen Kollegen wird angenehm verlaufen, weil ich über gute soziale Fertigkeiten verfüge").
- **Externale** Kontrollüberzeugungen liegen vor, wenn eine Person keinen Zusammenhang zwischen dem eigenen Verhalten und den wahrgenommenen Folgen erwartet, sondern vielmehr Faktoren wie Glück, Schicksal, Zufall oder den Einfluss anderer Personen als ursächlich für den Situationsausgang ansieht (Beispiel: „Das erste Treffen mit meinen neuen Kollegen wird angenehm verlaufen, wenn sie gut gelaunt sind / ich einfach Glück haben werde").

Der Verstärkungswert (VW). Der Verstärkungswert bezieht sich auf die subjektive Einschätzung von Personen, welche Ereignisse sie in welchem Ausmaß wünschen oder befürchten (positive bzw. negative Verstärker im klassischen lerntheoretischen Sinne).

Die psychologische Situation (S). Die psychologische Situation umschreibt den Teil der Umwelt eines Menschen, auf den er reagiert. Sie beinhaltet daher die Bedeutung, die eine Person einer Situation zumisst.

Verhaltensgleichung

Diese theoretischen Konstrukte wurden von Rotter formal, im Sinne einer **Verhaltensgleichung**, in Beziehung gesetzt:

$$Vp_{X1,\,S1,\,V1} = f\,(E_{V1,\,X1,\,S1}\ \&\ VW_{V1,\,S1})$$

Lesen lässt sich diese Formel wie folgt: Das Potenzial, dass das Verhalten X1 in der Situation S1 mit Aussicht auf die Verstärkung V1 auftritt, ist eine Funktion der Erwartung, dass die Verstärkung V1 dem Verhalten X1 in der Situation S1 auch wirklich folgt, verknüpft mit dem Wert, den die Verstärkung V1 in der Situation S1 hat.

Beispiel

Herr Meier geht zu einer Party und sieht dort im Gespräch mit Freunden Frau Müller, die er attraktiv findet und gerne näher kennenlernen möchte. In dieser Situation ist die Verstärkung, also der gewünschte Situationsausgang, das Kennenlernen von Frau Müller, und der Verstärkungswert ist entsprechend der psychologischen Situation von Herrn Meier hoch. Herrn Meiers Verhaltenrepertoire wird wahrscheinlich eine Reihe von Verhaltensweisen enthalten, die prinzipiell geeignet wären, um das erwünschte Situationsergebnis zu erzielen. Er könnte beispielsweise wie aus Versehen mit ihr zusammenstoßen, oder er könnte sich zu seinen Freunden stellen und ins Gespräch mischen, oder er könnte einen seiner Freunde bitten, ihn mit Frau Müller bekannt zu machen. Jede dieser möglichen Verhaltensweisen hat ein anderes Verhaltenspotenzial, also eine andere Auftretenswahrscheinlichkeit. Diese hängt von Herrn Meiers Erwartungen ab, welches Verhalten wohl besonders effektiv ist zum Erreichen seines Verhaltensziels. Er wird dann dasjenige Verhalten auswählen, von dem er erwartet, dass es die höchste Erfolgswahrscheinlichkeit hat – er wird vielleicht einen Freund bitten, ihn mit Frau Müller bekannt zu machen.

Kritik

Mit der Verknüpfung der verhaltensrelevanten Konstrukte innerhalb dieser Verhaltensgleichung versuchte Rotter, den Anspruch der sozialen Lerntheorie einzulösen, eine exakte Rekonstruktion und Vorhersage von Verhalten und damit der Persönlichkeit zu ermöglichen. Dieses Ziel konnte aufgrund der hohen Komplexität menschlichen Verhaltens und Erlebens letztlich nicht erreicht werden.

Die von Rotter beschriebenen verhaltensrelevanten Grundkonstrukte, vor allem Erwartungen/Kontrollüberzeugungen und Verstärkungswert, haben sich jedoch als wesentlich für die Grundlegung des sozial-kognitiven Persönlichkeitsverständnisses erwiesen. Ihre Bedeutsamkeit konnte in vielfältigen empirischen Studien geprüft werden.

2.7.2 Albert Bandura

Bedingungen von Verhaltensveränderungen

Ebenso wie Rotter weist Bandura (*1925) den kognitiven Aktivitäten von Menschen, vor allem Erwartungen und Überzeugungen, einen zentralen Stellenwert für ihre Persönlichkeit zu. Rotter versuchte dabei, die Mechanismen zu beschreiben, die der Auswahl von Verhalten in einer bestimmten Situation zugrunde liegen. Dagegen liegt der Schwerpunkt bei Banduras sozial-kognitiver Theorie eher auf den Bedingungen von Verhaltensveränderungen, wie sie etwa in einer Therapie angezielt (Bandura 1977) oder durch Menschen selbst initiiert werden. Stärker noch als Rotter beschreibt er die Bedeutung sozialer Einflüsse, die auf das Denken, Fühlen und Handeln wirken.

das Selbst

Ein wesentlicher Aspekt der menschlichen Persönlichkeit ist für Bandura das **Selbst**. Darunter versteht er keine eigenständige Struktur, wie beispielsweise die Instanzen in der psychoanalytischen Persönlichkeitstheorie, sondern ein Konzept: Es kann verwendet werden, um kognitive Prozesse wie Selbstwahrnehmungen, Selbstlob, Selbstkritik und Selbstkontrolle zu erklären (Bandura 1999). Ebenso wie Rotter hält Bandura den Menschen für selbstbestimmt.

Selbstwahrnehmung

Um selbstbestimmt handeln zu können, benötigen Menschen Wissen über ihre eigenen Fähigkeiten und Fertigkeiten. Die Selbstwahrnehmung ist nicht in allen Situationen gleichermaßen ausgeprägt, aber prinzipiell verfügen wir über die Möglichkeit, uns relativ gut wahrzunehmen, zu bewerten und aufgrund der Selbstwahrnehmung unser Verhalten zu regulieren.

Effektivität eigener Handlungen

Denjenigen Bereich der Selbstwahrnehmung, der nach Bandura die wichtigste Rolle für die Verhaltenssteuerung spielt, nennt er „Effektivität der eigenen Handlungen". Die Wahrnehmung der eigenen Effektivität ist vor allem für die Ausbildung von Erwartungen darüber wichtig, wie erfolgreich jemand in zukünftigen Situationen sein wird: Je höher die Erwartung hinsichtlich der eigenen Kompetenz ist, desto höher ist die Wahrscheinlichkeit, dass jemand zuversichtlich und zielstrebig an neue Situationen herangeht und sie aufgrund dieser Grundhaltung dann auch erfolgreich meistert.

Definition

Kompetenz- oder **Selbstwirksamkeitserwartung** (beide Begriffe werden synonym verwendet) ist das Ausmaß der Überzeugung, in einer Situation das Verhalten zeigen zu können, das für einen erfolgreichen Situationsausgang erforderlich ist (→ Kap. 3.4.2).

Kasten 2.14

Selbstwirksamkeitserwartungen und Kontrollüberzeugungen

Selbstwirksamkeitserwartungen sind generalisierte Erwartungshaltungen, ebenso wie die Kontrollüberzeugungen, die Rotter in seiner sozialen Lerntheorie beschrieb. Jedoch beziehen sich Kontrollüberzeugungen auf Erwartungen hinsichtlich des Ausgangs von Situationen – ob und durch wen werden zukünftige Situationen beeinflusst. Selbstwirksamkeitserwartungen zielen dahingegen auf die vermutete Kompetenz, in einer zukünftigen Situation auch tatsächlich selbst in der Lage zu sein, das für einen erfolgreichen Situationsausgang erforderliche Verhalten zu zeigen. Beide Arten von Erwartungen sind Teil der Verhaltenssteuerung, setzen an etwas unterschiedlichen Stellen an und bedingen sich gegenseitig.

Die erfolgreiche Bewältigung einer schwierigen Prüfung durch eine wirksame Lernstrategie und sicheres Auftreten fördert zum einen internale Kontrollüberzeugungen („Ich war die Ursache für den Erfolg, und in einer zukünftigen ähnlichen Situation wird der Situationsausgang mit hoher Wahrscheinlichkeit ebenfalls wieder von mir abhängen"). Zum anderen führt die tatsächliche Wahrnehmung eigener Effektivität zu erhöhten Selbstwirksamkeitserwartungen („Mein Handeln in der Situation war erfolgreich und daher gehe ich davon aus, dass ich in einer nächsten Prüfungssituation wieder in der Lage sein werde, mich so zu verhalten, dass ich erfolgreich sein werde").

Selbststeuerung

Noch stärker als bei Rotter steht bei Bandura die **Selbststeuerung** von Menschen im Zentrum seines Interesses. Die effektive selbstinitiierte Auswahl von Handlungen in aktuellen Situationen und die Reflexion über mögliches erfolgreiches Verhalten in zukünftigen Situationen setzt ein großes Verhaltensrepertoire voraus.

Als Teil der **Selbststeuerung** versteht Bandura die Fähigkeit von Menschen, Situationen aktiv auszuwählen oder auch Situationen zu vermeiden. Obwohl in einer gegebenen Umwelt Lernerfahrungen von den vorhandenen Verstärkungs- und Bestrafungsbedingungen abhängen, haben wir eine gewisse Wahlmöglichkeit, in welche Situationen wir uns begeben und somit auch welche Verstärkungsbedingungen auf uns einwirken. Weiterhin verändert das Verhalten, das Menschen zeigen, ihre Umwelt. Bei einem Konflikt kann eine Entschuldigung eine Entspannung der Atmosphäre bewirken, während ein Wutanfall den Konflikt noch verschärft. Aufgrund der Beeinflussung der Umwelt durch das eigene Verhalten entstehen wiederum neue Umweltgegebenheiten, die auf die Person wirken.

reziproker Determinismus

Bandura geht also von einer wechselseitigen Beeinflussung und Abhängigkeit von Verhalten, Persönlichkeitsmerkmalen und Umweltereignissen aus. Diese Wechselwirkungen nennt er **reziproken Determinismus** – eine wesentliche Veränderung gegenüber den klassischen Lerntheorien, die einseitig die Wirkung der Umweltbedingungen auf das Verhalten in den Mittelpunkt stellten.

Lernen am Modell

Mit der Frage, wie sich Menschen das große Verhaltensrepertoire aneignen, das die Voraussetzung zur Selbststeuerung ist, hat sich Bandura ebenfalls intensiv auseinandergesetzt. Er beschrieb das **Lernen am Modell** (oder Beobachtungslernen) als wichtiges Instrument menschlichen Wissenserwerbs (Rosenthal/Bandura 1978).

Voraussetzungen für Modelllernen

Allerdings müssen eine Reihe von Voraussetzungen erfüllt sein, damit Lernen am Modell stattfindet. Zunächst einmal sind die **Eigenschaften des Modells** bedeutsam. Nur dann, wenn die beobachtete Person als kompetent und ähnlich genug zur eigenen Person wahrgenommen wird, ist sie als Modell geeignet. Dann müssen auf Seite der **beobachtenden Person** eine Reihe von Prozessen stattfinden, ohne die kein Lernen möglich ist:

Merksatz

Menschen können sich durch Beobachtung anderer Menschen deren Verhalten sowie Wissen über die Konsequenzen dieses Verhaltens aneignen (→ Kap. 3.4.2).

- Die Person muss ihre Aufmerksamkeit auf das Verhalten des Modells richten,
- sie muss das Beobachtete im Gedächtnis speichern und
- sie muss motorisch in der Lage sein, das Verhalten auszuführen.

Sind diese Voraussetzungen erfüllt, dann kann Lernen am Modell stattfinden. Ob die Person das Verhalten tatsächlich auch zeigt, hängt von einem weiteren Faktor ab:

- Sie muss motiviert sein, das Verhalten überhaupt zu zeigen – z.B., weil es bei dem Modell zu einer Verstärkung geführt hat.

therapeutische Interventionen

Die Prinzipien der sozial-kognitiven Lerntheorie wurden erfolgreich in therapeutische Interventionen umgesetzt. Wirksame Verhaltensänderungen gehen sehr häufig mit einer Erhöhung von Selbstwirksamkeitserwartungen einher – daher wurde auch untersucht, durch welche Mechanismen Veränderungen der Selbstwirksamkeit besonders effektiv erreicht werden können.

Studie

In Experimenten mit Menschen, die sehr große Angst vor Schlangen hatten, untersuchten Bandura et al. (1977), welche von zwei Behandlungsbedingungen mehr Wirkungen auf die Selbstwirksamkeit und das Verhalten der 33 Probanden zeigte. In Bedingung 1 wurden die Probanden durch die Therapeutin angeleitet, selbstständig zunehmend schwierigere Verhaltensaufgaben mit einer Schlange zu üben. In Bedingung 2 beobachteten die Probanden die Therapeutin, die die gleichen Verhaltensaufgaben ausführte. Eine Kontrollgruppe erhielt zunächst keine Behandlung. Während des Experiments wurden mehrmals die tatsächliche Fähigkeit zur Annäherung an die Schlange, die selbst eingeschätzte Furcht und die Selbstwirksamkeitserwartungen gemessen.

Die Probanden in Bedingung 1 und 2 zeigten nach Ende der Behandlung (und auch noch einen Monat später) eine signifikante Erhöhung der Selbstwirksamkeit, eine Verringerung der Furcht und eine deutliche Zunahme ihrer Fähigkeit, mit Schlangen umzugehen. Die Effekte für die Bedingung 1 waren überwiegend stärker als für Bedingung 2 – die selbstständig gemachten Erfahrungen waren wirksamer als die Beobachtungen. Für die Kontrollgruppe zeigten sich kaum Veränderungen. Was sich die Personen in Bezug auf den Umgang mit Schlangen zutrauten (ihre Selbstwirksamkeitserwartungen) sagte also recht gut voraus, welches Verhalten sie tatsächlich zeigen konnten.

2.7.3 Bewertung des sozial-kognitiven Persönlichkeitsverständnisses

Erwartungen wesentliche Persönlichkeitsstrukturen

Die beiden bisher vorgestellten Ansätze von Rotter und Bandura stellen Ausdifferenzierungen des sozial-kognitiven Ansatzes mit etwas unterschiedlichen Schwerpunkten dar. In beiden sind Kognitionen bzgl. des Selbst die wesentlichen Persönlichkeitsstrukturen: Kontrollüberzeugungen bei Rotter und Selbstwirksamkeitserwartungen bei Bandura – beides Konstrukte, die sich empirisch sehr gut bewährt haben und in der aktuellen Persönlichkeitsforschung eine wichtige Rolle spielen.

Kritik

Die Schwerpunktsetzung auf die kognitiven Aspekte der Persönlichkeit bedeutet jedoch auch, dass andere wesentliche Anteile, etwa andere Fähigkeiten und Emotionen, erst nachgeordnet betrachtet werden.

Lernprozesse

Beiden Ansätzen ist auch gemeinsam, dass Lernen als zentral für die Persönlichkeitsentwicklung angesehen wird und ein weit über die frühen Lerntheorien hinausgehendes Verständnis von Lernen zugrunde gelegt wird. Die Ideen von Rotter und Bandura sind offen für Weiterentwicklungen und prägen das derzeitige Verständnis von Persönlichkeit in starkem Maße.

Literatur

Bandura A. (1997). Self-efficacy: The exercise of control. New York: Freemam

Übungsaufgaben

1 In welcher Form wird in den sozialen Lerntheorien das Verständnis von Lernprozessen ausgeweitet?
2 Durch welche wesentlichen kognitiven Strukturen werden bei Rotter und Bandura Lernprozesse gesteuert?
3 Welche Bedeutung hat der Verstärkungswert in der Verhaltensgleichung von Rotter?
4 Wie stehen Kontrollüberzeugungen und Selbstwirksamkeitserwartungen zueinander?
5 Was versteht man unter Modelllernen?

Die Antworten finden Sie unter www.reinhardt-verlag.de.

Das kognitiv-affektive Persönlichkeitssystem | 2.8

integrativer Ansatz

Das kognitiv-affektive Persönlichkeitssystem stellt eine der neueren Entwicklungen im Bereich der Persönlichkeitstheorien dar. Walter Mischel (*1930) integriert in diesem Ansatz Anteile von sowohl kognitiv als auch lerntheoretisch ausgerichteten Persönlichkeitstheorien.

Kritik am Eigenschaftsansatz

Das kognitiv-affektive Persönlichkeitssystem entstand in kritischer Auseinandersetzung mit dem Eigenschaftsbegriff der Persönlichkeitspsychologie. Dieser nimmt an, dass Persönlichkeitseigenschaften sowohl über verschiedene Situationen als auch über die Zeit hinweg relativ unveränderlich sind und das Verhalten unabhängig von der Situation beeinflussen (→ Kap. 2.5).

Mischel argumentiert dagegen, dass Menschen in ihren Alltagskontexten häufig Verhalten zeigen, das mit der Annahme von stabilen Eigenschaften nicht vereinbar ist. So ist zum einen das Verhalten von Personen in ähnlichen Situationen recht variabel.

Beispiel

Jemand kann beispielsweise sehr ängstlich in Bezug auf eine schriftliche Prüfung sein, aber entspannt einer wichtigen Sportprüfung entgegensehen.

Zum anderen gibt es Situationen, in denen sich die meisten Menschen sehr ähnlich verhalten, obwohl sie unterschiedlich ausgeprägte Persönlichkeitseigenschaften aufweisen.

Beispiel

In einer Kirche verhalten sich die meisten Menschen ähnlich zurückhaltend, unabhängig von der Ausprägung ihrer Extraversion.

Definition

Mischel setzt der herkömmlichen Definition von Eigenschaften daher eine andere entgegen: Die Persönlichkeit eines Menschen macht nicht die Stabilität seines Verhaltens über ganz unterschiedliche Situationen hinweg aus, sondern ein für die einzelne Person charakteristisches Zusammenspiel zwischen den Merkmalen der Person und der gegebenen Situation.

2.8.1 Wechselwirkungen zwischen Person und Situation

Wenn sowohl Merkmale der Person als auch der Situation wichtig zur Beschreibung, Erklärung und Vorhersage von Verhalten sind, dann müssen Situationen, Personenmerkmale sowie das Verhältnis von Personen- und Situationsmerkmalen zueinander genauer betrachtet werden.

Situationsmerkmale

Hinsichtlich der Merkmale der Situation, in denen menschliches Verhalten stattfindet, unterscheidet Mischel (1976) starke und schwache Situationen.

Definition

Situationen, in denen sich fast alle Menschen einer Kultur ähnlich verhalten, nennt Mischel **starke** Situationen. Solche Situationen sind durch Verhaltensnormen klar definiert. Eine Verletzung dieser Normen zieht häufig Sanktionen nach sich, und deshalb variiert das konkrete Verhalten in ihnen nur sehr eingeschränkt. Beispiele für starke Situationen sind Trauerfeiern, das Verhalten im Straßenverkehr oder eben in der Kirche.

Schwache Situationen sind demgegenüber nur wenig vorstrukturiert, und deshalb sind die Merkmale der Person in diesen Situationen wesentlich bedeutsamer für das Verhalten. Ein Beispiel für eine schwache Situation wäre ein menschenleerer Strand.

Ob aber eine Situation als stark oder schwach wahrgenommen wird, kann wiederum von Merkmalen der Person abhängen.

Personenmerkmale

Beispiel

Einige Studierende interpretieren eine Vorlesung als starke Situation und orientieren sich an den wahrgenommen Verhaltensnormen (zuhören, mitschreiben, ggf. Fragen stellen). Dagegen verstehen andere Studierende diese als vergleichsweise schwache Situation, die sie entsprechend ihrer eigenen Persönlichkeit und Bedürfnisse gestalten (sich unterhalten, essen, lesen).

Hinsichtlich des Verhältnisses von Person und Situation bei der Erklärung von Verhalten hat Mischel den von Bandura geprägten Begriff des reziproken Determinismus aufgenommen (→ Kap. 2.7.2): Er beschreibt das Verhältnis zwischen den Merkmalen einer Person, ihrem Verhalten und den Umweltbedingungen als komplexe Wechselwirkung (s. Abb. 2.3).

reziproker Determinismus

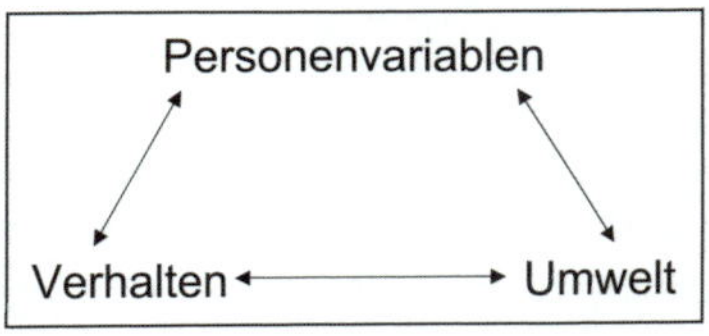

Abb 2.3

Verhältnis von Personenvariablen, Verhalten und Umwelt

Das Verhalten ist bedingt durch die Merkmale der Person, denn sie kann nur Verhalten zeigen, das sie aufgrund ihrer Merkmale erworben hat bzw. bereit ist zu zeigen. Der reziproke Interaktionismus besagt aber auch, dass das Verhalten seinerseits wieder auf die Person zurückwirken kann.

Verhalten der Person

Beispiel

Eine Person merkt z.B., dass ihr Verhalten erfolgreich war: So etwa hatte gründliches Lernen des Prüfungsstoffes eine sehr gute Prüfungsleistung zur Folge, was sie auf eigene Anstrengungen und Fähigkeiten zurückführt. Dies kann dann zu einer erhöhten Selbstwirksamkeitserwartung führen und damit zu einer Veränderung eines wichtigen kognitiven Persönlichkeitsmerkmals.

Von den Persönlichkeitsmerkmalen hängt auch ab, welche Umwelten jemand überhaupt aufsucht und wie er diese gestaltet.

Beispiel

Leistungsängstliche Schüler neigen beispielsweise dazu, schulbezogene Kontexte zu meiden und stattdessen anderen Aktivitäten nachzugehen. Damit haben sie weniger Möglichkeiten, positive Erfahrungen im Schulkontext zu machen, was eine Erhöhung der Selbstwirksamkeitserwartungen verhindern kann.

Umweltbedingungen

Das Verhalten ist gleichermaßen auch durch die Umwelt bedingt, etwa durch die Verstärkungsmöglichkeiten, die sie bereithält.

Beispiel

Ein Fließband-Arbeitsplatz bietet z.B. weniger Verstärkungs- und Gestaltungsmöglichen als eine selbstbestimmte Arbeit, etwa als Künstlerin.

Gleichzeitig wirkt das Verhalten auf die Umwelt und verändert sie. In diesem komplexen Wechselspiel sind die Personenmerkmale somit gleichzeitig Ursache und Folge des Verhaltens sowie der Ausgestaltung der Umwelt.

2.8.2 | Kognitiv-affektive Personenvariablen

Die Idee einer überdauernden Persönlichkeitsstruktur bei gleichzeitiger Beachtung der Tatsache, dass sich Menschen häufig sehr unterschiedlich verhalten, ist für Mischel nur auf den ersten Blick widersprüchlich (Mischel / Shoda 1995).

Definition

Nach Mischel bestehen beständige individuelle Unterschiede sowohl in den Arten von Situationen, die Menschen wahrnehmen, als auch in den kognitiven und affektiven Voraussetzungen, die in den Situationen aktiviert werden.

Personenvariablen

Anstelle von Persönlichkeitseigenschaften oder Wesenszügen spricht Mischel deshalb von kognitiv-affektiven Einheiten oder **Personenvariablen**. Sie sind das Resultat der bisherigen sozial-kognitiven Lerngeschichte einer Person und damit durch neue Erfahrungen längerfristig veränderbar. Im Einzelnen sind dies:

- Enkodierungsstrategien,
- Erwartungen und Überzeugungen,
- Affekte,
- Ziele und Werte,
- Kompetenzen und selbstregulatorische Pläne.

Enkodierungsstrategien. Jeder Mensch hat bestimmte Wahrnehmungsgewohnheiten oder kognitive Schablonen (bzw. Konstrukte, wie Kelly sie in seiner konstruktivistischen Persönlichkeitstheorie beschreibt; → Kap. 2.4). Sie helfen ihm, eine individuelle Ordnung in die Vielzahl möglicher Sinneseindrücke zu bringen. Menschen nehmen nur solche Merkmale in Situationen wahr, für die sie Enkodierungsstrategien besitzen. Und je nach Art der Enkodierung einer Situation werden unterschiedliche Gedanken und Gefühle einer Person aktiviert.

Erwartungen und Überzeugungen. Diese können sich auf die soziale Welt im Allgemeinen beziehen (z. B.: „Im Allgemeinen verhalte ich mich so, dass andere Menschen mich mögen"). Im Gegensatz zu diesen generalisierten Erwartungen beziehen sich spezifische Erwartungen auf die Folgen von Verhaltensweisen in ganz konkreten Situationen. Zwei wesentliche Arten von Erwartungen wurden bereits in → Kapitel 2.7 beschrieben: Selbstwirksamkeitserwartungen und Kontrollüberzeugungen.

Affekte. Gefühle bestimmen die Auswahl und Interpretation einer Situation mit, nehmen Einfluss auf das Verhalten in einer Situation und werden durch die Erfahrungen in einer Situation verändert oder aufrechterhalten.

Ziele und Werte. Beides sind wesentliche Aspekte der Selbststeuerung. Jeder Mensch hat zu jeder Zeit eine Vielzahl von kurz- und langfristigen Zielen. Die Ziele können sich auf erwünschte ebenso wie auf zu vermeidende Ereignisse oder Folgen in der Zukunft beziehen. Wenn wir in einer Situation mehrere Verhaltensalternativen haben, dann werden wir in der Regel diejenige wählen, die uns unseren bedeutsamen Zielen näherbringt. Ziele nehmen starken Einfluss auf die Enkodierungsstrategien, indem Situationen daraufhin betrachtet werden, ob sie zielführend sind oder nicht (→ Kap. 3.3.2). Eng mit den Zielen sind die Wertmaßstäbe einer Person verknüpft. Vor allem solche Ziele, die mit dem eigenen

Wertesystem übereinstimmen, werden langfristig und mit Energie verfolgt. Im Prozess der Zielverfolgung spielen Selbstbewertungen eine wichtige Rolle, indem sie Rückmeldungen darüber ermöglichen, ob und wie gut ein Verhalten der Zielverfolgung dient.

Kompetenzen und selbstregulatorische Pläne. Durch Erfahrungen lernen Menschen Fertigkeiten und entwickeln Wissen darüber, welches Verhalten ihnen in Situationen zur Verfügung steht. Der Begriff des Verhaltens ist hier weit gefasst und meint sowohl konkretes motorisches Verhalten also auch Pläne und Strategien zur Verhaltenssteuerung und zur Beeinflussung des eigenen Verhaltens und Erlebens. Eine solche Strategie zur Verhaltenssteuerung ist beispielsweise die Fähigkeit zum Belohnungsaufschub.

Studie

Menschen sind in unterschiedlicher Weise in der Lage, auf einen erhofften Zustand oder Erfolg (etwa eine gute Prüfung in 2 Wochen) hinzuarbeiten und dafür auf kleinere, aber sofort verfügbare Annehmlichkeiten (eine Party am nächsten Wochenende) zu verzichten. Bereits bei Kindern ist diese Fähigkeit verschieden ausgeprägt (Mischel et al. 1989). Kindergartenkinder, die während einer Wartezeit auf den sofortigen Konsum einer Süßigkeit verzichten konnten, weil sie die nach der Wartezeit versprochenen zwei Süßigkeiten erhalten wollten, wiesen darüber hinaus im Jugendalter eine bessere Stressbewältigung, höhere soziale Kompetenz, mehr Selbstbestimmtheit, höhere Zuverlässigkeit, mehr akademischen Erfolg und eine höhere verbale Intelligenz auf.

Zusammenspiel der Personenvariablen

Die Personenvariablen sind keine einander ausschließenden, fest umgrenzten Kategorien, sondern inhaltlich eng miteinander verknüpft. So wirken etwa Ziele gleichzeitig im Sinne von Enkodierungsstrategien, aktivieren bei der Planung zielführender Aktivitäten spezifische Erwartungen und Überzeugungen hinsichtlich der eigenen Kompetenzen zur Zielerreichung und bewirken, je nach Annäherung oder Entfernung von dem Ziel, entsprechende Gefühle. In einer gegebenen Situation sind alle Personenvariablen aktiviert und ihr Zusammenspiel resultiert in dem konkreten Verhalten, das eine Person zeigt (s. Abb. 2.4).

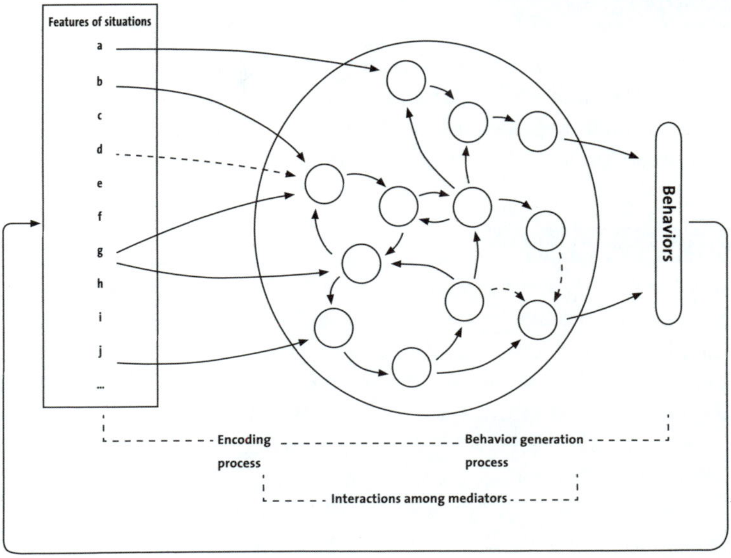

Abb 2.4

Das kognitiv-affektive Persönlichkeitssystem (Mischel/ Shoda 1995, 254)

Verhaltenssignaturen

2.8.3

Die individuellen Ausprägungen der fünf Personenvariablen führen damit dazu, dass jede Person über ein charakteristisches Verhaltensrepertoire verfügt, das mit ganz spezifischen Situationsklassen verbunden ist.

Beispiel

Immer, wenn ein Student mit einer Prüfungssituation konfrontiert ist, reagiert er ängstlich – aber immer, wenn er an einem Volleyballturnier teilnimmt, ist er voller Zuversicht und freut sich auf die Herausforderung. Für einen Studenten mit einer anderen Struktur gehören hingegen Prüfungssituationen und Sportturniere zu einer Situationsklasse und deshalb reagiert er in beiden Fällen immer mit Angst.

Konsistenz

Konsistenz im Verhalten entsteht damit nicht durch gleichförmiges Verhalten über verschiedene Situationen hinweg, sondern durch ähnliches Verhalten in Situationsklassen, die von einem Menschen als gleichartig wahrgenommen werden.

Definition

Nach Mischel lassen sich Menschen deshalb durch ganz spezifische Wenn-Dann-Situations-Verhaltensbeziehungen charakterisieren, die ebenso individuell sind wie eine Unterschrift. Daher nennt Mischel solche charakteristischen Wenn-Dann-Beziehungen auch **Verhaltenssignaturen**.

Studie

Mischel und Mitarbeiter (Shoda et al. 1994) untersuchten Kinder in Ferienlagern hinsichtlich ihrer Verhaltenssignaturen. Es zeigte sich, dass die Kinder über verschiedene Situationsklassen hinweg (z.B. Lob durch einen Erwachsenen erhalten, Verwarnung durch einen Erwachsenen erhalten, Ärger mit einem Gleichaltrigen) ein unterschiedliches Ausmaß an verbaler Aggression zeigten, sich aber innerhalb jeder Situationsart relativ ähnlich verhielten.

2.8.4 Bewertung des kognitiv-affektiven Persönlichkeitssystems

Selbstregulation

Mit dem kognitiv-affektiven Persönlichkeitssystem liegt ein Persönlichkeitsmodell vor, das explizit die Fähigkeit zur Selbstregulation in den Mittelpunkt stellt und zu erklären versucht. Menschen werden als aktive Problemlöser verstanden, die planvoll handeln und sich durch die Interaktion mit ihrer sozialen Umgebung entwickeln. Das Verhältnis zwischen Person und Umwelt wird sehr differenziert in seiner wechselseitigen Bedingtheit verstanden. Dabei ist das kognitiv-affektive Persönlichkeitssystem kein neuer, sondern ein integrativer Ansatz, der die aktuellen Erkenntnisse zu (überwiegend) kognitiven Persönlichkeitsvariablen zusammenfasst.

Kritik

Allerdings kann man dieses Persönlichkeitsmodell nicht als geschlossenes theoretisches System bewerten. Beispielsweise wurden die Prozesse, die das Zusammenwirken der fünf Personenvariablen steuern, noch nicht konkretisiert. Auch sind die Personenvariablen schwer voneinander abzugrenzen, u.a. weil es sich um sehr breite Kategorien handelt. Dies und die hohe Komplexität des Gesamtsystems erschwert eine systematische empirische Prüfung.

Shoda und Mischel (2006) bezeichnen das Modell deshalb als eine Metatheorie, also Theorie höherer Ordnung: Sie spezifiziert die Strukturen in Form von Personenvariablen, ihre Ausprägung und ihr Zusammenwirken muss aber immer jeweils für den spezifischen Themenbereich ausdifferenziert werden.

Metatheorie

Literatur

Cervone, D. (2008). Explanatory models of personality: Social-cognitive theories and the knowlegde-and-appraisal model of personality architecture. In G. J. Boyle, G. Matthews & D. H. Saklofske (Eds.), The SAGE handbook of personality theoriy and assessment. Vol. 1, Personality theorie and models, 80–100. Los Angeles/CA: Sage.

Übungsaufgaben

1 Warum ist das kognitiv-affektive Persönlichkeitssystem ein integrativer Ansatz?

2 Welche Kritik am Eigenschaftsverständnis liegt dem kognitiv-affektiven Persönlichkeitssystem zugrunde?

3 Was sind Verhaltenssignaturen und welche Bedeutung haben sie für die menschliche Persönlichkeit?

4 Warum ist das kognitiv-affektive Persönlichkeitssystem ein Ansatz, der die selbstregulativen Fähigkeiten des Menschen betont?

Die Antworten finden Sie unter www.reinhardt-verlag.de.

3 | Interindividuelle Unterschiede

Inhalt

Die menschliche Persönlichkeit mit ihrem individuellen Muster an Gedanken, Gefühlen und Verhaltensweisen sowie den zugrunde liegenden Mechanismen zu beschreiben ist eine sehr komplexe Herausforderung. Die Theorien zur Persönlichkeit stellen sich dieser Herausforderung, indem sie auf bestimmte Aspekte fokussieren (z.B. das Unbewusste, Lernvorgänge). Daneben gibt es aber auch Forschungsbereiche in der Differentiellen Psychologie, die nicht zum Ziel haben, die Persönlichkeit umfassend zu beschreiben. Sie haben ganz spezifische Eigenschaften zum Gegenstand und versuchen, sie zu beschreiben, zu erklären und vorherzusagen. Diese Forschungsansätze zeichnen sich im Gegensatz zu den Persönlichkeitstheorien dadurch aus, dass sie einen spezifischen Aspekt der Persönlichkeit unter Vernachlässigung anderer Aspekte herausgreifen und grundlegend erforschen. Häufig standen am Anfang der Erforschung spezifischer individueller Unterschiede praktische Fragestellungen, wie z.B. bei Binet die Frage, wie besonders förderbedürftige Kinder identifiziert werden können (→ Kap. 3.1.2).

Grundsätzlich können interindividuelle Unterschiede vier verschiedenen Bereichen zugeteilt werden: den Fähigkeiten, den Emotionen, den Motivationen und den Kognitionen.

Fähigkeitsbezogene Unterschiede: Die Forschung zu fähigkeitsbezogenen Unterschiedenen, insbesondere der analytischen Intelligenz, hat sich nahezu unabhängig und zeitlich parallel zu den Persönlichkeitstheorien entwickelt. Über die letzten Jahrzehnte hat sich aufgrund der Forschung das Verständnis von Intelligenz erweitert. Neben der rein analytischen Intelligenz werden sowohl soziale und emotionale Fähigkeiten als auch Kreativität und Neugier als weitere Aspekte diskutiert, die über die in der Schule vermittelten und ausgebildeten Fertigkeiten (z.B. das Lösen von Rechenaufgaben) hinausgehen.

Emotionsbezogene Unterschiede: Menschen unterscheiden sich auch in ihrem emotionalen Erleben. Diese Unterschiede können sich in Bezug auf ganz spezifische Emotionen wie Angst und Ärger zeigen, aber auch im generellen Erleben von negativen und positiven Emotionen. Das emotionale Erleben ist ganz entscheidend für die Lebensqualität und die psychische wie physische Gesundheit. Daher wird der Erforschung individueller Unterschiede im emotionalen Erleben aus differentialpsychologischer Sicht zunehmend mehr Aufmerksamkeit geschenkt.

Motivationsbezogene Unterschiede: Die grundlegende Orientierung von Menschen drückt sich in ihren Motiven und Zielen aus. Motive repräsentieren grundlegende Bedürfnisse und Bewertungsdispositionen mit physiologischem (z.B. Hunger) oder aber psychologischem Ursprung (z.B. Bedürfnis nach Zugehörigkeit). Ziele, wie z.B. einen gut dotierten Job zu erhalten, stellen hingegen konkrete Umsetzungen der Motive dar, die stärker handlungsleitend sind. Auch hier zeigen vielfältige Forschungsarbeiten, dass es stabile und situationsübergreifende Unterschiede zwischen Menschen gibt.

Kognitionsbezogene Unterschiede: Damit Ziele handlungsleitend werden können, müssen Menschen die Erwartung haben, dass sie diese tatsächlich auch erreichen können. Diese Erwartung drückt sich in Kognitionen wie der Kontrollüberzeugung, der Selbstwirksamkeitsüberzeugung und dem dispositionalen Optimismus aus. Auch hier hat die jüngste Forschung gezeigt, dass Menschen sich darin grundlegend unterscheiden und dass diese Unterschiede sich u.a. in der physischen und psychischen Gesundheit widerspiegeln.

Fähigkeitsbezogene Unterschiede | 3.1

Innerhalb von arbeitsteiligen Gesellschaften besteht eine zentrale Herausforderung darin, Menschen anhand ihrer Fähigkeiten und Kompetenzen so an bestimmten (Arbeits-)Orten der Gesellschaft zu platzieren, dass eine möglichst gute Passung zwischen den Erfordernissen der Umwelt und den Möglichkeiten der Person besteht. Die Entwicklungs geschichte der Persönlichkeitspsychologie ist deshalb eng mit der Entwicklung von Methoden zur Erfassung und der Konzeptualisierung von

Fähigkeiten und Kompetenzen verbunden (→ Kap. 1.2). Über lange Zeit dominierte hier die Beschäftigung mit der analytischen Intelligenz. Die grundlegende Annahme dabei ist, dass die Höhe der (analytischen) Intelligenz einer Person ihre Fähigkeit bedingt, anspruchsvolle Tätigkeiten erfolgreich auszuführen.

Die analytische Intelligenz kann jedoch immer nur teilweise eine Erklärung und Vorhersage dafür bieten, wie erfolgreich eine Person in ihrem Beruf und anderen Lebensbereichen ist. Aus diesem Grund werden andere Fähigkeitsbereiche teils ergänzend und teils unabhängig von der klassischen Intelligenzforschung untersucht. Ein Bereich umfasst die Erforschung von Eigenschaften wie dispositionale Neugier und Sensation-Seeking. Sie führen dazu, dass Menschen sich generell mit neuen Phänomenen beschäftigen und dadurch ihr Wissen erweitern sowie ihre Kompetenzen und Fertigkeiten weiterentwickeln. Zum anderen wird sehr intensiv die Bedeutung von Kreativität als Fähigkeit diskutiert und inwieweit die Einbeziehung sozialer und emotionaler Fähigkeiten das „klassische" Verständnis von Intelligenz sinnvoll erweitert.

3.1.1 | Neugier und Sensation-Seeking

Motor menschlicher Entwicklung

Neugier ist ein grundlegendes Bedürfnis nach neuen Sinneseindrücken und Informationen, das sowohl Menschen als auch Tiere auszeichnet. Dieses Bedürfnis nach Neuem ist ein zentraler Motor für die menschliche Entwicklung und das Lernen über die Lebensspanne.

Die „Gier nach Neuem", wie der Verhaltensforscher Konrad Lorenz das Phänomen bezeichnete, verändert sich über die Lebensspanne wenig. Ältere und jüngere Erwachsene sind z. B. gleichermaßen sozial neugierig, d. h. interessiert an den Gedanken, Gefühlen und Handlungen anderer Menschen (Renner 2006). Was sich über die Lebensspanne verändert, sind aber die Gegenstände und Ereignisse, die Neugier auslösen.

Bedürfnis und Verhalten

Neugier hat immer zwei Aspekte: 1) das Bedürfnis nach Neuem und 2) das Neugierverhalten, welches die perzeptuelle Zuwendung (Hinwendung zum neuen Reiz), Lokomotion (Bewegung auf den Reiz zu), Manipulation (Umgang mit dem Reiz) und Fragenstellen umfasst. Diese beiden Aspekte, Motiv und Verhalten, finden sich in allen aktuellen psychologischen Definitionen von Neugier wieder.

Definition

Litman und Spielberger (2003) etwa definieren Neugier als das **Bedürfnis nach Neuem**, welches **Explorationsverhalten** motiviert.

perzeptuelle und epistemische Neugier

Weiterhin spezifizieren sie, was das „Neue" sein kann: einmal das Bedürfnis nach perzeptuellen Erfahrungen und zum anderen ein Bedürfnis nach neuem Wissen. Diese Differenzierung geht auf David Berlyne (1954) zurück, einem der bekanntesten Neugierforscher.

Definition

Die **perzeptuelle Neugier** bezieht sich auf die verstärkte Aufmerksamkeit gegenüber Reizen. Sie umfasst damit alle Sinneseindrücke, z. B. visuelle, auditive oder taktile Eindrücke. Die **epistemische Neugier** ist demgegenüber auf das Erlangen von Einsichten und Wissen sowie auf das Verstehen von Sachverhalten gerichtet. Sie wurde von Berlyne auch als „Drive to know" oder „Bedürfnis nach Wissen" bezeichnet.

spezifische und diversive Neugier

Berlyne hat zusätzlich noch zwischen spezifischer und diversiver Neugier unterschieden.

Definition

Die **spezifische Neugier** wird durch einen neuen Reiz ausgelöst, der wiederum ein Bedürfnis nach einem spezifischen Sinneseindruck oder einer spezifischen Information nach sich zieht und zum gerichteten Neugierverhalten motiviert. Den Gegenpol zur spezifischen Neugier bildet die **diversive Neugier**. Diese tritt in reizarmen Situationen auf, wenn wir uns im Zustand der Deprivation befinden und uns langweilen. In diesem Fall entsteht ein Bedürfnis nach Stimulation, welches zum ungerichteten Neugierverhalten anregt.

Zusammenfassend lässt sich das Phänomen Neugier also anhand eines Vier-Felderschemas abbilden (s. Abb. 3.1). Neueren Daten zufolge kann neben der perzeptuellen und epistemischen Neugier auch eine soziale Neugier unterschieden werden.

Abb 3.1

Klassifizierungsschema für Neugierverhalten

Fokus \ Bereich	Perzeptuell „Sensation seeking"	Epistemisch „Drive to know"
Spezifisch	Snowboard fahren	Krimi lesen
Diversiv	Zielloses Spazierengehen	„Surfen" im Internet

Definition

Soziale Neugier umfasst das Interesse an dem Denken, Fühlen und Handeln von anderen Menschen, welches zum offenen oder verdeckten Explorationsverhalten motiviert (Renner 2006).

Interessant ist, dass hoch- und niedrig-sozialängstliche Personen sich offenbar nicht in dem Ausmaß der erlebten sozialen Neugier unterscheiden (Motiv), jedoch in der Art und Weise, wie sie ihre Neugier befriedigen (Verhalten). Hochängstliche im Vergleich zu Niedrigängstlichen bevorzugen eher indirekte Methoden, z.B. das Beobachten von Personen oder das Belauschen von Gesprächen, gegenüber der direkten Befragung von Personen. Wodurch entsteht Neugier, bzw. wodurch wird die Eindruckssuche angeregt?

Kasten 3.1

Erklärungsansätze von Neugier und Eindruckssuche

Aus einer **evolutionsbiologischen Perspektive** wird Neugier als eine angeborene Tendenz zur Erkundung der Umwelt verstanden, die dem Erwerb von Informationen beispielsweise über potenzielle Nahrungs- und Gefahrenquellen dient. Die Funktion von Neugier besteht damit letztlich in ihrem Anpassungsvorteil.

Die in der Neugierforschung einflussreichsten Erklärungsansätze sind die **Aktivationstheorien**, die z.B. auf Donald Hebb (1955) zurückgehen. Nach diesem Ansatz beeinflusst das Niveau der allgemeinen physiologischen Aktivation unser Verhalten und unsere Fähigkeit, Reize zu verarbeiten. Hebb nahm an, dass ein mittleres Aktivationsniveau optimal für die Reizverarbeitung ist und als besonders angenehm empfunden wird. Bei einem Niveau unter- oder oberhalb dieses optimalen Wertes wird Neugier angeregt, um wieder ein mittleres bzw. optimales Aktivationsniveau zu erreichen.

Aktuelle **informationstheoretische Theorien** (z.B. Loewenstein 1994) verstehen Neugier als intrinsisch motiviertes Bedürfnis nach einer spezifischen Information: Neugier ist demnach das Bedürfnis nach Wissen. Neugier entsteht, wenn wir eine Diskrepanz wahrnehmen zwischen dem, was wir wissen, und dem, was wir wissen möchten. Eine solche Wissenslücke führt zu dem negativen Zustand der Neugier, der dazu motiviert, diese Informationslücke zu schließen, was dann als angenehm empfunden wird.

individuelle Unterschiede

Alle Menschen empfinden Neugier, aber dennoch unterscheiden sich Menschen erheblich in ihrem Neugiererleben und -verhalten. So reagieren bereits 4 Monate alte Säuglinge unterschiedlich auf Stimulation. Es gibt Hinweise darauf, dass diese interindividuellen Unterschiede in der Neugiertendenz systematische Auswirkungen auf kognitive und soziale Prozesse haben.

kognitive und soziale Prozesse

Empirische Studien zeigen, dass Hochneugierige neue Reize stärker präferieren, über bessere Strategien zur Informationsauswahl verfügen und eine höhere Persistenz bei der Exploration zeigen. Neugier trägt damit zu einer besseren Informationsverarbeitung und Anpassung an die Umwelt bei. Soziale Neugier trägt ferner zu einer besseren sozialen Einbettung bei.

Studie

Renner (2006) befragte junge und ältere Erwachsene und zeigte, dass in beiden Altersgruppen Hoch-Sozialneugierige über eine höhere soziale Kompetenz und ein größeres soziales Netzwerk verfügen als Niedrig-Sozialneugierige. Neugier kann damit offenbar auch als Katalysator für soziale Interaktionen dienen.

Risikoverhalten, Sensation-Seeking

Kann Neugier aber auch negative Folgen haben? Einer der umfangreichsten Forschungsbereiche zur Auswirkung von interindividuellen

Unterschieden von Neugier sind die Untersuchungen zum Sensation-Seeking.

Definition

Marvin Zuckerman (2007) hat **Sensation-Seeking** als Suche nach perzeptuellen Eindrücken jeglicher Art definiert (ähnlich wie die perzeptuelle Neugier). Ferner postulierte er, dass Personen mit einem hoch ausgeprägten Sensation-Seeking zur Erlangung dieser Eindrücke auch Risiken eingehen.

In der Tat zeigen zahlreiche empirische Studien, dass Sensation-Seeking mit Risikoverhalten zusammenhängt.

Studie

Donohew et al. (2000) befragten rund 3.000 amerikanische Schüler nach gesundheitsschädigendem Verhalten und erhoben das Ausmaß des Sensation-Seeking. Dabei berichteten 80 % der Hoch-, aber nur 65 % der Niedrig-Sensation-Seeker, dass sie bereits einmal Alkohol konsumiert hatten. Ferner gaben 53 % der Hoch-Sensation-Seeker an, dass sie bereits einmal Marihuana konsumiert hatten. Dies traf nur für 32 % der Niedrig-Sensation-Seeker zu.

Literatur

Trudewind, C. (2000). Curiosity and anxiety as motivational determinants of cognitive development. In J. Heckhausen (Ed.). Motivational psychology of human development: Developing motivation and motivating development (pp. 15–38). New York: Elsevier.

Übungsaufgaben

1 Anhand welcher Dimensionen lässt sich Neugier klassifizieren?
2 Welche positiven Zusammenhänge zeigen sich zwischen einer erhöhten Neugier und kognitiven sowie sozialen Prozessen?
3 Welche Facette der Neugier kann auch gesundheitsschädigendes Verhalten fördern?

Die Antworten finden Sie unter www.reinhardt-verlag.de.

Intelligenz

3.1.2

Vielfalt von Theorien und Tests

Beschäftigung mit der Fähigkeit Intelligenz hat eine lange Geschichte und viele Facetten: „Intelligenz ist die am besten untersuchte Persönlichkeitseigenschaft überhaupt." (Asendorpf 2007, 195) Die intensiven Forschungsbemühungen zum Thema Intelligenz resultierten in einer ganzen Reihe von unterschiedlichen Intelligenzkonzepten, mit jeweils etwas anderen Schwerpunktsetzungen. Entsprechend resultiert daraus auch immer eine andere Form der Operationalisierung und Messung von Intelligenz in entsprechenden Tests.

Alfred Binet

Ein wesentlicher Meilenstein in der Geschichte der Intelligenzforschung war die Arbeit von Binet und seinen Mitarbeitern. Er entwickelte um 1900 herum Intelligenztests zur Identifizierung besonders förderungsbedürftiger Kinder (→ Kap. 1.2 und Kasten 3.2).

Kasten 3.2

Die Intelligenztests von Binet und seinen Mitarbeitern

Die Arbeit von Binet ist insofern bemerkenswert, weil er (zu einer Zeit, als es noch keine Intelligenztests im heutigen Sinne gab!) verschiedene Methoden vorwegnahm, die heute noch bei der Testentwicklung wichtig sind. Er entwickelte Testreihen für jede Altersstufe von 3–15 Jahren. Das Kriterium für die Auswahl der Aufgaben bestand darin, dass die meisten Kinder der jeweiligen Altersstufe diese Aufgaben richtig beantworten konnten. Löste ein Kind die Aufgaben seiner Altersstufe komplett, aber keine darüber hinaus, dann entsprach sein Intelligenzalter seinem Entwicklungsalter: Es war normal intelligent. Löste es nur die Aufgaben für Kinder unterhalb seiner Altersstufe, dann war es in seiner Intelligenzentwicklung verzögert. Löste es die Aufgaben auch höherer Altersstufen, dann wurde es als überdurchschnittlich intelligent eingestuft.

Intelligenzstrukturmodelle

Mit der von Binet entwickelten Methode ließen sich Intelligenzunterschiede zwischen Kindern feststellen, aber er legte keine explizite Intelligenztheorie vor. Außerdem war Binets Herangehen noch auf Kinder beschränkt. Die Entwicklung von Modellen zur Beschreibung der Intelligenzstruktur begann in den folgenden Jahrzehnten. Sie war ihrerseits verbunden mit der Entwicklung statistischer Methoden zur Aufdeckung von Zusammenhangsmustern in den Datensätzen, auf deren Grundlage die Intelligenzmodelle entwickelt wurden. Eine wesentliche Frage der ersten Intelligenzmodelle war, ob Intelligenz sinnvollerweise als eine grundlegende Fähigkeit oder als Bündel von mehreren Fähigkeiten verstanden werden sollte. Bemerkenswert ist, dass ihre unterschiedlichen Antworten darauf heute immer noch aktuell sind.

generelller Intelligenzfaktor

Das g-Faktor-Modell: Charles Spearman (1904) legte seinen Probanden Tests vor, mit denen verschiedene Fähigkeitsbereiche (sprachlich, mathematisch, räumlich, oder gedächtnisbezogen) geprüft wurden. Er fand bei der Analyse der Daten positive Zusammenhänge zwischen den Ergebnissen der verschiedenen Tests. Diese interpretierte er so, dass allen intelligenten Handlungen ein **genereller Intelligenzfaktor (g-Faktor)** zugrunde liegt. Ist bei einer Person der g-Faktor hoch ausgeprägt, dann erbringt sie in verschiedenen Fähigkeitsbereichen ähnlich gute Leistungen. Die Tatsache, dass die Leistungen zwar positiv zusammenhängen, aber trotzdem bei einer Person üblicherweise Unterschiede zwischen den verschiedenen Fähigkeitsbereichen bestehen, erklärte er durch spezielle (s-)Faktoren. Diese sind aber im Vergleich zum g-Faktor weniger aussagekräftig in Bezug auf die grundsätzliche geistige Leistungsfähigkeit einer Person.

7 Fähigkeitsfaktoren

Das Primärfaktorenmodell: Louis L. Thurstone (1938) wählte ein ähnliches Vorgehen – aber er kam, auch durch die Verwendung ausgefeilterer statistischer Verfahren, zu einer anderen Schlussfolgerung. Die Lösung von Intelligenzaufgaben war nach seinem Verständnis durch **sieben** gleichberechtigte, unabhängige **Fähigkeitsfaktoren** bedingt:

- S (spatial ability: Fähigkeit zu räumlichem Sehen);
- P (perceptual speed: Fähigkeit, in einem Wahrnehmungsfeld Gegenstände zu finden oder zu erkennen);
- N (numerical ability: Rechenfähigkeit);
- V (verbal comprehension: Fähigkeit, die Bedeutung von Wörtern und ihrer Relationen aufzufassen);
- W (word fluency: Fähigkeit, mit isolierten Wörtern umzugehen);
- M (memory: Gedächtnis);
- I (inductive reasoning: Fähigkeit, Regeln oder ein Prinzip zu finden).

Diese Sichtweise bedeutet, dass eine hohe Rechenfähigkeit durchaus nicht heißen muss, dass jemand auch ein gutes sprachliches Vermögen hat.

fluide und kristalline Intelligenz

Das Intelligenzmodell von Cattell: Während die Ansätze von Spearman und Thurstone zunächst noch unvereinbar erschienen, entwickelte Raymond B. Cattell (1971) eine Integration beider Sichtweisen. Er unterschied grundsätzlich zwischen Intelligenz und Wissen und schlug vor, Intelligenzleistungen anhand ihrer Wissensabhängigkeit zu klassifizieren. Die **fluide** Intelligenz ist die abstrakte Fähigkeit zum schlussfolgernden Denken und entspricht somit in etwa dem g-Faktor. Je höher die fluide Intelligenz ist, desto einfacher fällt der Erwerb von Wissen. Diesen zweiten Aspekt von Intelligenz, das Ausmaß an Wissen, das jemand in seiner Sozialisation erwirbt, bezeichnete Cattell als **kristalline** Intelligenz. Unter die kristalline Intelligenz lassen sich die Einzelfähigkeiten einordnen, die Thurstone als Primärfaktoren beschrieb.

Denkinhalte, -operationen, und -produkte

Das morphologische Intelligenzmodell: Ein explizit theoriegeleitetes Modell der Intelligenz legte Joy P. Guilford (1967) vor. Seinem morphologischen Modell lag die Annahme zugrunde, dass sich alle intelligenten Leistungen anhand von drei Dimensionen beschreiben lassen: Denkinhalte, Denkoperationen und Denkprodukte.

- **Denkinhalte** können bildlich (figural), symbolisch (Wörter), semantisch (auf Bedeutungen bezogen) oder verhaltensbezogen sein.
- **Denkoperationen** sind Erkenntnis, Gedächtnis (Abspeichern von Informationen), divergente Produktion (Finden vielfältiger Lösungen für mehrdeutige Probleme), konvergente Produktion (Finden der richtigen Lösung eines eindeutigen Problems), Bewertung (Einschätzung der Richtigkeit oder Nützlichkeit einer Lösung).
- Die **Denkprodukte** können unterschiedlich komplex sein und als Einheiten, Klassen, Beziehungen, Systeme, Transformationen oder Implikationen resultieren.

Die Dimensionen werden häufig in Form eines Würfels dargestellt (s. Abb. 3.2). Durch die Kombination der Ausprägungen der Dimensionen entsteht so ein Modell mit 120 unabhängigen Intelligenzfaktoren oder -leistungen, die jeweils einzeln operationalisiert werden müssen. Die Intelligenzleistung „Erkenntnis semantischer Einheiten" etwa wäre durch Aufgaben zu erfassen, die das Erkennen und Verstehen eines Wortes erfordern.

Obwohl Guilford nur für einen Teil der Intelligenzfaktoren entsprechende Operationalisierungen in Form von Tests entwickelt hat, ist sein Modell mindestens aus zwei Gründen bedeutsam. Zum einen stellt es den Versuch dar, tatsächlich eine Intelligenztheorie zu entwickeln, mit deren Hilfe die Vielfalt intelligenter Leistungen auf eindeutige Weise geordnet werden sollten. Zum anderen ist das zugrunde liegende Intelligenzverständnis sehr umfassend und enthält auch Aspekte, die über die

Abb 3.2

Das morphologische Intelligenzmodell (aus Guilford 1964, 388)

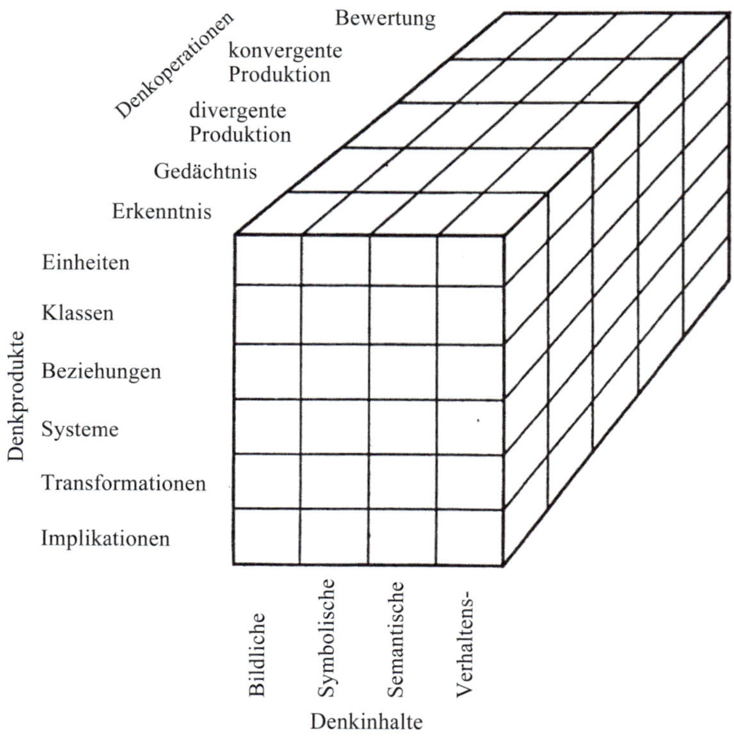

analytische Intelligenz hinausgehen (vor allem Kreativität und soziale Intelligenz).

Intelligenzkomponenten

Das triarchische Intelligenzmodell: Neuere Ansätze betrachten Intelligenz unter dem Aspekt der Informationsverarbeitung und der Praxisrelevanz von Intelligenz. Robert Sternberg (1985) beschreibt in seiner triarchischen Theorie drei wesentliche Komponenten der Intelligenz.

- Die **internale Komponente** ist die Fähigkeit zur Informationsverarbeitung, die von Person zu Person unterschiedlich ausgeprägt ist.
- Die **externale Komponente** ist die Fähigkeit zur Nutzung der Informationsverarbeitungsstragien in Alltagskontexten, entweder um sich der Umwelt anzupassen oder die Umwelt nach eigenen Bedürfnissen zu verändern.
- Die **Erfahrungskomponente** der Intelligenz meint die Fähigkeit zur effektiven Nutzung der bisherigen Erfahrungen bei der Lösung neuer

Probleme und die schnelle Automatisierung von erfolgreichen Lösungsstrategien.

Es wurde bereits auf die Schwierigkeit hingewiesen, angesichts der unterschiedlichen Intelligenzkonzepte, von denen hier exemplarisch einige wesentliche dargestellt wurden, eine einheitliche Definition zu finden. Gemeinsam ist den meisten Ansätzen aber, dass sich Intelligenz in der Fähigkeit widerspiegelt, Test- oder Alltagsaufgaben durch Denken zu lösen und sich in neuartigen Situationen schnell und erfolgreich zurechtzufinden.

Literatur

Holling, H., Preckel, F. & Vock, M. (2004). Intelligenzdiagnostik. Göttingen: Hogrefe.

Schweizer, K. (2006). Leistung und Leistungsdiagnostik. Göttingen: Hogrefe

Übungsaufgaben

1 Welches Vorgehen entwickelte Alfred Binet, um das Intelligenzalter von Kindern zu bestimmen?
2 Warum waren die Intelligenzstrukturmodelle von Spearman und Thurstone (g-Faktor-Modell bzw. Primärfaktorenmodell) zunächst nicht miteinander vereinbar?
3 Was zeichnet das morphologische Modell von Guilford besonders aus?
4 Welches gemeinsame Verständnis von Intelligenz liegt den meisten Intelligenzmodellen zugrunde?

Die Antworten finden Sie unter www.reinhardt-verlag.de.

3.1.3 Kreativität

„schillernder“ Begriff

Der Begriff „Kreativität“ ist, sowohl im Alltagssprachgebrauch als auch in der Wissenschaft, unscharf definiert, aber im hohen Maß faszinierend. Dies liegt daran, dass Verschiedenes unter dem Begriff „Kreativität“ verstanden werden kann: Kreativität wird sowohl als Fähigkeit einer schöpferischen Person als auch als Beschreibung eines geschaffenen Produkts verwendet. Außerdem kann auch noch der Schaffensakt selbst als Kreativität bezeichnet werden.

Die wissenschaftliche Beschäftigung mit Kreativität setzt also voraus, dass zunächst definiert wird, welcher Aspekt von Kreativität betrachtet wird. Aber nicht nur die verschiedenen Bedeutungsinhalte erschweren eine Konkretisierung. Auch existieren keine allgemeingültigen Kriterien für die Bewertung von kreativen Fähigkeiten, Produkten und Prozessen.

Beispiel

Ist das Schreiben einer Doktorarbeit ein Hinweis auf Kreativität? Ist die Einführung einer neuen Unterrichtsform kreativ? Lässt ein Gedicht, ein Bild, ein Musikstück auf die Kreativität derjenigen schließen, die es geschaffen haben? Waren Maler wie Rembrandt, die Auftragsarbeiten für reiche Mäzene gemalt haben, kreativ? Oder sollte man Kreativität nur solchen Künstlern zusprechen, die wie Van Gogh oder Picasso völlig neue Wege in der Malerei gegangen sind?

Kontextabhängigkeit

Solche Fragen machen deutlich, dass die Bewertung von Kreativität ganz entscheidend von Einschätzungen der Umgebung abhängig ist (Westmeyer 2001). Die Zuschreibung von Kreativität ist also immer eine gesellschaftliche und soziale Konstruktion. Was in einer Epoche als Unsinn gilt, kann in der nächsten Epoche als genial angesehen werden.

Die Psychologie beschäftigt sich erst seit relativ kurzer Zeit explizit mit dem Phänomen Kreativität (s. Kasten 3.3).

Kasten 3.3

Anfänge der psychologischen Kreativitätsforschung

Joy P. Guilford hat sich in besonderem Maße bei der Etablierung der Kreativitätsforschung verdient gemacht: Er hob in einer historischen Rede 1950 vor der American Psychological Association die Bedeutsamkeit der Kreativität als individuelles und gesellschaftliches Potenzial hervor und kritisierte, dass die Erforschung der Kreativität bis dahin eher anekdotisch und unsystematisch durchgeführt worden war.

Guilfords morphologisches Modell

Guilford selbst hat auch wichtige theoretische Überlegungen und Testverfahren für die Erfassung von Kreativität entwickelt, wobei er vor allem einen personenbezogenen Zugang zur Kreativität hatte (Guilford

1970). Innerhalb seines morphologischen Modells gibt es einige Faktoren, die zentrale kreative Fähigkeiten repräsentieren. Vor allem sind dies alle divergenten Denkoperationen, also die Erzeugung von logischen Alternativen aus gegebenen Informationen mit der Betonung von Verschiedenartigkeit, Quantität und Relevanz der Denkprodukte. Weiterhin sind besonders die Transformationen als Denkprodukte bei der Kreativität bedeutsam, also die Umwandlung von bestehenden Informationen in eine neue Form, z. B. durch Modifikation oder Umstrukturierung.

Die Beschäftigung mit Kreativität als Persönlichkeitsmerkmal hat auch Fragen danach stimuliert, ob Kreativität mit anderen Eigenschaften zusammenhängt (s. Kasten 3.4).

Kasten 3.4

Das wahnsinnige Genie?

Im Alltagsverständnis liegen Genie und Wahnsinn nahe beieinander. Untersuchungen an kreativen Menschen zeigen gelegentlich Zusammenhänge zwischen Kreativität und Psychotizismus (z. B. Aguilar-Alonso 1996). Dies ist aber nicht gleichzusetzen mit einer erhöhten Tendenz zu psychischen Auffälligkeiten – in vielen Kreativitätsbereichen finden sich nur wenige wahnsinnige Genies. Liegen psychische Auffälligkeiten vor, dann scheinen manche kreative Menschen die Fähigkeit zu haben, diese durch ihr kreatives Schaffen zu kanalisieren (Rothenberg 1990).

Jenseits solcher pathologischen Aspekte zeichnen sich kreative Menschen häufig dadurch aus, dass sie unkonventionell und unabhängig sind. Sie haben vielfältige Interessen und eine hohe Offenheit gegenüber Neuem und sind risikobereit (Simonton 2000).

der kreative Prozess

Diese Eigenschaften alleine erzeugen noch keine kreativen Produkte. Die Erschaffung eines neuartigen und allgemein als kreativ anerkannten Produkts erfordert einen kreativen Prozess. Auch hier gibt es, ähnlich wie bei dem Zusammenhang zwischen Genie und Wahnsinn, vor allem im Alltagsdenken mythisch anmutende Ideen über den Funken, der den kreativen Prozess entzündet, welcher dann ohne weiteres Zutun abläuft.

Diese Vorstellung kritisiert z. B. Weisberg (1993). Er versteht kreative Leistungen als Ergebnis harter Arbeit und kreatives Denken als Intensivierung üblicher Wahrnehmungs-, Gedächtnis- und Problemlöseprozesse. Durch die gleichzeitige Verfügbarkeit eines reichhaltigen und flexibel nutzbaren Wissensbestands würden so kreative Leistungen ermöglicht.

Investmenttheorie der Intelligenz: Ein neuerer Ansatz, der personen- und umgebungsbezogene Aspekte der Kreativität berücksichtigt, ist die Investmenttheorie der Intelligenz von Sternberg und Lubart (1991). Sie haben kreative Menschen – etwas plakativ – folgendermaßen beschrieben: Sie sind in der Lage, Ideen zu entwickeln, die nicht dem Zeitgeist oder dem gängigen Denken entsprechen (und daher „billig" zu haben), und in der Lage, andere Menschen von der Bedeutsamkeit und dem Potenzial dieser Ideen zu überzeugen. Während sie die vorher billigen, weil unpopulären Ideen an andere Menschen teuer verkaufen, wenden sich kreative Menschen bereits der nächsten billigen Idee zu (Sternberg/Lubart 1992).

Ebenen der Investmenttheorie

In der Investmenttheorie der Kreativität werden vier Ebenen unterschieden (s. a. Abb. 3.3): **Ressourcen**, **kreative Fähigkeiten**, **Entwürfe** und die **Bewertung kreativer Produkte**. Unterschieden werden sechs Ressourcen oder Ursprünge der Kreativität. Diese interagieren miteinander und generieren bereichsrelevante Fähigkeiten. Die kreativen Fähigkeiten können sich sowohl auf unterschiedliche Denkinhalte als auch auf verschiedene konkrete Handlungs- und Lebensbereiche beziehen (z. B. bildnerisches Gestalten, Musikalität). Einige dieser bereichsspezifischen kreativen Fähigkeiten führen, u. a. in Abhängigkeit von den Umweltressourcen, zu kreativen Projekten oder Produktionen. Musikalität etwa kann zu einem kreativen Projekt wie die Komposition einer Oper führen. Diese kreativen Projekte werden evaluiert, wobei die Evaluationsinstanzen (z. B. eine fachkundige Person oder ein Gremium) außerhalb der Person liegen.

Abb 3.3

Investmenttheorie der Kreativität (nach Sternberg/Lubart 1991)

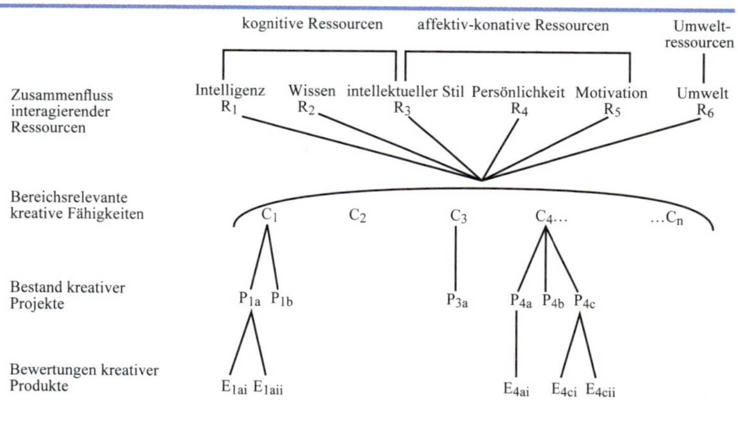

Auf der höchsten Ebene des Modells sind somit Personenmerkmale der Kreativität angesiedelt, deren Existenz oder Fehlen über das Kreativitätspotenzial einer Person entscheidet. Intelligenz, Wissen (d.h. Vorkenntnisse), intellektueller Stil (Denk- und Handlungsgewohnheiten), Persönlichkeitsmerkmale im engeren Sinne wie Offenheit für neue Erfahrungen oder Unabhängigkeit sowie die aufgabenorientierte Motivation eines Menschen bilden diese Ressourcen, die miteinander und mit kreativitätsförderlichen oder -hemmenden Umweltmerkmalen interagieren. Von Kreativität kann aber trotzdem erst dann gesprochen werden, wenn das entstandene Produkt als kreativ bewertet wird. Ressourcen

Literatur

Sternberg, R. J. (Ed.) (1999). Handbook of creativity. Cambridge: University Press.

Übungsaufgaben

1 Welche unterschiedlichen Aspekte umfasst der Begriff „Kreativität“?
2 Welche Mythen existieren in Bezug auf kreative Menschen und den kreativen Prozess? Gibt es dafür eine wissenschaftliche Basis?
3 Welche Ebenen der Kreativität unterscheidet die Investmenttheorie der Kreativität?

Die Antworten finden Sie unter www.reinhardt-verlag.de.

3.1.4 Soziale und emotionale Intelligenz

Intelligenz und Kreativität werden üblicherweise als kognitive Fähigkeiten verstanden, die die Qualität des Umgangs mit Denkproblemen und die Güte von neuartigen Problemlösewegen bedingen. Sind aber Menschen mit hoher Intelligenz und Kreativität tatsächlich in allen Bereichen des Lebens gute Problemlöser? Vor allem: In welchem Ausmaß helfen diese Fähigkeiten bei der Lösung von Problemen, die sich im sozialen Miteinander ergeben?

Um in ihren komplexen sozialen Umwelten gut zurechtzukommen, müssen Menschen soziale Regeln berücksichtigen, soziale Situationen einschätzen, das eigene und das Verhalten anderer Menschen vorhersagen sowie Organisations-, Planungs- und Entscheidungsgeschick besitzen. soziale Fähigkeiten

Es gab immer wieder Stimmen, die an den analytischen Intelligenzkonzepten kritisierten, dass diese Fähigkeiten unberücksichtigt bleiben und somit ein wesentlicher Bestandteil intelligenten Verhaltens nicht erfasst wird. Konsequenterweise wurden Überlegungen zu Ergänzungen des traditionellen Intelligenzverständnisses angestellt, die genau diese Fähigkeiten in den Mittelpunkt stellen. So entstanden Theorien zu sozialen und in neuerer Zeit zur emotionalen Intelligenz.

Soziale Intelligenz. Meist wird Thorndike als einer der ersten psychologischen Forscher zitiert, der – bereits 1920 – eine Definition sozialer Intelligenz vorschlug. Sie war eingebettet in eine Konzeption von Intelligenz, bei der Intelligenz aus drei mehr oder weniger unabhängigen Faktoren besteht, nämlich abstrakter, mechanischer und sozialer Intelligenz.

Definition

Soziale Intelligenz definiert Thorndike als die Fähigkeit, verschiedenste Menschen zu verstehen, mit ihnen umgehen zu können und sich in sozialen Beziehungen klug zu verhalten.

Trotz solcher Vorarbeiten setzte eine systematische Forschung zur sozialen Intelligenz erst Jahrzehnte später ein, denn die Arbeiten zur analytischen Intelligenz dominierten die Intelligenzforschung.

Guilfords Intelligenzmodell

Ein wichtiger Entwicklungsschritt war auch hier das Intelligenzmodell von Guilford (1967), mit dem verschiedenste Formen der Intelligenz, darunter auch die soziale Intelligenz, erklärt und vorhergesagt werden sollen. In seinem morphologischen Modell benennt er ganz explizit ein Segment, verhaltensbezogene Inhalte (→ Kap. 3.1.2), das die soziale Intelligenz abbildet.

K
n
a
fi
b.

Kasten 3.5

Die Erfassung sozialer Intelligenz

Guilford hatte für eine Reihe der sozialen Intelligenzfaktoren seines Modells Tests entwickelt, um die einzelnen Fähigkeiten zu operationalisieren (O'Sullivan/Guilford 1976). Der Faktor „Kognitionen über Verhaltensklassen“ wird beispielsweise durch eine Reihe von Gesten repräsentiert, die einen bestimmten Ausdruck darstellen – in diesem Fall einen zustimmenden oder positiven Ausdruck (s. Abb. 3.4). Aus einer Reihe von weiteren Gesten sollen die Probanden einen zu dieser Klasse gehörenden weiteren Ausdruck auswählen.

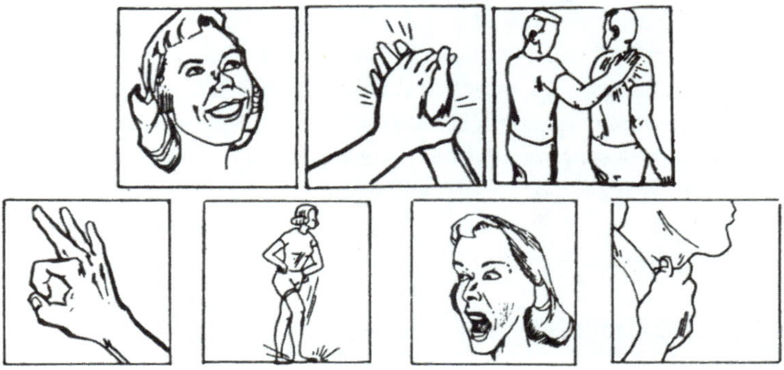

Abb 3.4

Guilford-Test zur Erfassung des sozialen Intelligenzfaktors „Kognitionen über Verhaltensklassen (Orlik 1974, 341)

Dieses Vorgehen setzt voraus, dass es richtige und falsche Antworten gibt, ganz wie in Tests zur analytischen Intelligenz. Ob ein Verhalten sozial intelligent ist oder nicht, ob es also richtig oder falsch ist, hängt jedoch von den Normen einer Gruppe oder Gesellschaft ab und ist somit nur schwer eindeutig festzulegen. Eine andere Möglichkeit zur Erfassung der sozialen Intelligenz besteht darin, soziales Verhalten in realen Situationen (wie etwa einer Gruppendiskussion) einzuschätzen (Ford/Tisak 1983).

Weitere wichtige Themen der Forschung zur sozialen Intelligenz betreffen ihren Zusammenhang mit der analytischen Intelligenz und die Frage nach ihrer Struktur.

soziale und analytische Intelligenz

Wenn soziale Intelligenz in erster Linie durch ähnliche Verfahren wie analytische Intelligenz erfasst wird, also durch Papier- und Bleistifttests mit Richtig/Falsch-Antworten, dann ist zu erwarten, dass die Bearbeitung eines solchen Tests zumindest auch von den verbalen Fähigkeiten der Probanden mitbestimmt wird. In Studien, die verschiedene Erhebungsverfahren sozialer Intelligenz einsetzten (z. B. die Beurteilung von Filmszenen hinsichtlich der Motiv- und Bedürfnislage der Akteure, Bildertests, Fragebogen zur Selbst- und Fremdbeurteilung bei Jones und Day 1997), konnte aber die Unabhängigkeit verschiedener Aspekte sozialer Intelligenz von der analytischen Intelligenz gezeigt werden.

Mehrdimensionalität

In so angelegten Studien wurden auch Hinweise auf die Mehrdimensionalität sozialer Intelligenz gefunden. Lee et al. (2000) schlagen eine Differenzierung der sozialen Intelligenz analog zu dem Intelligenzmodell von Cattell vor: Die fluide soziale Intelligenz entspricht dabei dem sozialen Schlussfolgern, während die kristalline soziale Intelligenz das erworbene soziale Wissen darstellt.

In ähnlicher Weise konnten Weis und Süß (2007) soziales Verständnis, soziales Gedächtnis und soziales Wissen als eigenständige Faktoren der sozialen Intelligenz empirisch belegen. Auch in dieser Studie waren die Ausprägungen des sozialen Verständnisses und des sozialen Gedächtnisses unabhängig von der allgemeinen Intelligenz der Probanden.

Emotionale Intelligenz. Während soziale Intelligenz schon lange als mögliche Ergänzung des traditionellen Intelligenzverständnisses diskutiert wird, ist die Geschichte des Konstrukts emotionale Intelligenz noch keine 20 Jahre alt.

Definition

In seiner ursprünglichen Definition wurde **emotionale Intelligenz** als die Fähigkeit beschrieben, Emotionen korrekt und effizient zu verarbeiten.

Im Einzelnen umfasst dies die Fähigkeit zur Emotionswahrnehmung bei sich und anderen, die Nutzung von Emotionen für Denkprozesse, die Fähigkeit, Emotionen zu verstehen und gegeneinander abzugrenzen, sowie die Fähigkeit, mit Emotionen (bei sich selbst und anderen) umgehen zu können (Mayer/Salovey 1997).

Mayer und Salovey betonen dabei, dass emotionale Intelligenz tatsächlich eine Spielart der Intelligenz ist (und nicht z.B. eine Temperamentseigenschaft). Sie basiert nämlich auf abstraktem Denken, das auf den Gegenstandsbereich der Emotionen angewendet wird. Mit diesem Verständnis von emotionaler Intelligenz hatten die Autoren ein inhaltlich klar umgrenztes Konstrukt beschrieben, das den traditionellen Intelligenzbegriff erweitern, aber nicht ersetzen sollte.

Kasten 3.6

Emotionale Intelligenz und Erfolg im Leben

Kurz nach Erscheinen der ersten Arbeiten zur emotionalen Intelligenz wurde dieses Konzept von Mayer und Salovey äußerst populär – allerdings auf Kosten seiner ursprünglichen Definition. Emotionale Intelligenz wurde nun als Eigenschaft verstanden, die mehr Bedeutsamkeit für den Erfolg im Beruf und anderen Lebensbereichen haben sollte als die analytische Intelligenz. Solche Argumentationen machten emotionale Intelligenz zum Gegenstand des öffentlichen Interesses – das TIME Magazin etwa titelte im Jahr 1995: „What's your EQ? It's not your IQ. It's not even a number. But emotional intelligence may be the best predictor of success in life, redefining what it means to be smart."

Zusammenhänge

Diese hoch gesteckten Erwartungen konnte das Konstrukt emotionale Intelligenz so nicht erfüllen. Allerdings lassen sich durchaus eine Reihe von Zusammenhängen zwischen der Ausprägung der emotionalen Intelligenz und anderen positiven Aspekten des Lebens, wie etwa Gesundheit, finden (Schutte et al. 2007).

Insgesamt gibt es eine Reihe von Themen im Zusammenhang mit emotionaler Intelligenz, bei denen die Erkenntnislage noch nicht eindeutig ist. Dies sind z. B. (ebenso wie bei der sozialen Intelligenz) die Optimierung der Erhebungsverfahren, konzeptuelle Fragen wie die Dimensionalität des Konstrukts, der Zusammenhang mit anderen Intelligenzformen oder auch anwendungsbezogene Fragen, wie etwa die nach der Nützlichkeit von Förderprogrammen für die emotionale Intelligenz.

soziale und emotionale Intelligenz

Soziale und emotionale Intelligenz haben naheliegende inhaltliche Überschneidungen. Die erfolgreiche Bewältigung sozialer Anforderungen kann nicht ohne das Wissen über und den effektiven Umgang mit Emotionen bei sich und anderen gelingen. Beide sind als Erweiterungen des traditionellen Intelligenzbegriffs anzusehen und helfen, das Verständnis fähigkeitsbezogener Eigenschaften zu differenzieren.

Literatur

Kang, S.-M., Day, J. D. & Meara, N. M. (2006). Soziale und emotionale Intelligenz: Gemeinsamkeiten und Unterschiede. In Schulze, R., Freund, P. A. & Roberts, R. D. (Hrsg.), Emotionale Intelligenz: Ein Internationales Handbuch (S. 101–115). Göttingen: Hogrefe.

Übungsaufgaben

1 Warum ist eine Ergänzung des analytischen Intelligenzkonzepts durch Konstrukte wie soziale und emotionale Intelligenz sinnvoll?
2 Was macht die Messung sozialer Intelligenz schwierig?
3 Welche Facetten emotionaler Intelligenz beschreibt das Modell von Mayer und Salovey?
4 Welche Erwartungen wurden an das Konzept emotionaler Intelligenz gestellt?

Die Antworten finden Sie unter www.reinhardt-verlag.de.

3.2 | Emotionsbezogene Unterschiede

Menschen unterscheiden sich darin, wie intensiv und häufig sie bestimmte Gefühle erleben: Manche Menschen haben häufig Angst, andere Menschen wiederum werden schon bei geringen Anlässen ärgerlich. Diese Unterschiede im Temperament sind relativ überdauernd, sie charakterisieren also das Gefühlsleben eines Menschen und sind damit wesentliche Persönlichkeitsmerkmale.

In der Differentiellen Psychologie werden emotionsbezogene Unterschiede auf unterschiedlichem Abstraktionsniveau betrachtet. Es gibt zum einen die Beschreibung, Erklärung und Vorhersage von eher umgrenzten emotionsbezogenen Unterschieden, wie z.B. die Neigung, häufig Angst zu erleben, oder die Tendenz zum Erleben von Ärger. Beide Merkmale, Ängstlichkeit und Ärgerneigung, werden in der wissenschaftlichen Persönlichkeitspsychologie intensiv erforscht.

Darüber hinaus sind auch eher globale Erlebenstendenzen Gegenstand der Forschung. Empfindet jemand häufig negative Gefühle wie Angst, Ärger oder Depressivität, dann wird dies zu der emotionsbezogenen Persönlichkeitsdimension „negative Affektivität“ zusammengefasst. Ist das Gefühlsleben eines Menschen typischerweise durch positive Gefühle wie Freude und Glück gekennzeichnet, dann wird dies als „positive Emotionalität“ bezeichnet.

Ängstlichkeit

3.2.1

überlebensnotwendige Emotion

Angst ist ein wichtiges Signal vor Gefahren und ermöglicht eine schnelle Reaktion darauf. In diesem Sinne dient Angst auch dem Überleben und einer besseren Anpassung an die Umwelt.

Unterschiede im Angsterleben

Menschen unterscheiden sich jedoch darin, wie oft und wie stark sie Angst erleben. Deshalb wird zwischen dem „state", also dem aktuellen Zustand „Angst" (z.B. eine Person erlebt während eines unruhigen Fluges Angst), und dem Persönlichkeitsmerkmal (Trait) „Ängstlichkeit" (z.B. eine Person erlebt fast immer Angst, wenn sie Verkehrsmittel benutzt) unterschieden.

Definition

Das Persönlichkeitsmerkmal **Ängstlichkeit** bezeichnet die zwischen Personen (interindividuell) unterschiedliche Tendenz, Situationen als bedrohlich wahrzunehmen und darauf mit einem erhöhten Angstzustand zu reagieren.

Die Ängstlichkeit variiert damit zwischen Personen, ist aber innerhalb einer Person (intraindividuell) relativ stabil (Krohne 1996; Lazarus-Mainka / Siebeneick 2000).

kognitive Bewertungen

Ein wichtiger Aspekt des Persönlichkeitsmerkmals Ängstlichkeit ist, dass sich Menschen mit hoher und niedriger Ängstlichkeit vor allem darin unterscheiden, wie häufig sie Situationen als bedrohlich bewerten.

Beispiel

Eine hochängstliche Studentin empfindet eine Referatssituation als bedrohlich und erlebt deshalb Angst, während eine niedrigängstliche Studentin die Situation als Herausforderung empfindet und sich freut, ihre Kompetenzen zu zeigen. Die gleiche Situation wird von beiden unterschiedlich interpretiert und löst entsprechend unterschiedliche emotionale Zustände aus.

Wenn sich Ängstlichkeit als Persönlichkeitsmerkmal in einem häufig erhöhten Angstzustand äußert, dann stellt sich die Frage nach den Kennzeichen des Zustands Angst. Die Emotion Angst ist ein affektiver Zustand des Organismus, der sich in drei verschiedenen Parametern äußert:

Parameter von Angst

- Dies ist zum einen das **motorisch-expressive Verhalten**. Personen, die akut Angst erleben, zeigen in der Regel Schutz-, Verteidigungs- oder Fluchtverhalten (z.B. Weglaufen vor einem bellenden Hund). Angst äußert sich auch in einer spezifischen Mimik: Der Mund ist auseinandergezogen, die Lippen sind angespannt, die Augenbrauen hoch- und zusammengezogen, die Oberlider sind ebenfalls hochgezogen und die Unterlider angespannt (s. Abb. 3.5).

Abb 3.5

Angstmimik

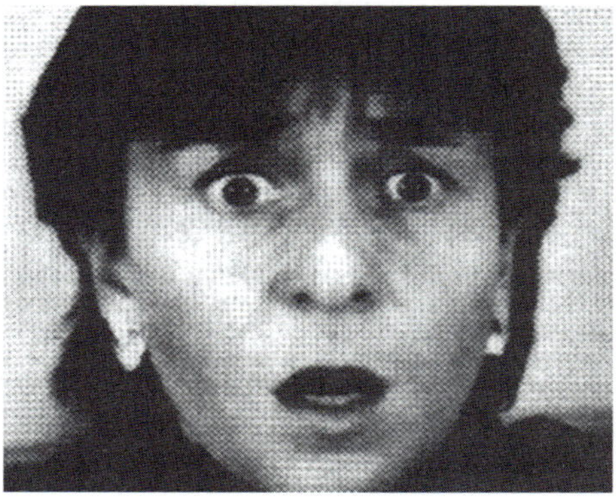

- Neben diesen motorisch-expressiven Reaktionen ist der Zustand der Angst mit einem **subjektiven Gefühl** verbunden – wir wissen sehr genau, wie es sich anfühlt, wenn wir Angst haben.
- Ferner äußert sich der Zustand der Angst in **physiologischen Reaktionen** (s. Kasten 3.6).

Kasten 3.7

Physiologische Angstreaktionen

Zentral für Angstreaktionen ist die sog. Amygdala (Mandelkern) im Temporalkortex. Die Amygdala ist für das Erleben von Angst verantwortlich und ebenso für Reaktionen, die das Überleben in Gefahrensituationen sichern sollen: Zuerst erfolgt eine Hemmung von Aktivität durch die Anspannung von Muskeln, um die Wahrscheinlichkeit einer Entdeckung zu verringern. Für den Fall eines Angriffs wird gleichzeitig eine Reihe von Reaktionen ausgelöst, die Flucht- oder Kampfhandlungen erleichtern sollen. Die Erhöhung der Herzschlagrate, des Blutdrucks und der Atemfrequenz stellt den notwendigen Sauerstoff für diese Aktivitäten bereit, die Ausschüttung von Stresshormonen bereitet die Koordination von Reaktionen vor.

Ursachen für interindividuelle Ängstlichkeitsunterschiede: Es gibt in der psychologischen Forschung unterschiedliche Antworten auf die Frage nach den Ursachen von Ängstlichkeitsunterschieden.

spezifische Bewertungsmuster

Die kognitive Emotionsforschung (Lazarus 1993) nimmt an, dass spezifische Bewertungen (Kognitionen) eine zentrale Rolle beim Erleben von Angst spielen – siehe das Beispiel der Stundentinnen in der Referatssituation.

Ein Referat stellt objektiv keine Gefahr dar. Erst durch eine entsprechende Bewertung wird es zu einer angstauslösenden Situation. Lazarus nannte diese Interpretation der Situation „primäre Bewertung". Neben der Bewertung der Situation schätzen Menschen ihre eigenen Möglichkeiten zur Bewältigung der Situation ein. Die Einschätzung der eigenen Bewältigungsressourcen wird als „sekundäre Bewertung" bezeichnet.

Wenn also eine Person das Halten eines Referates als bedrohlich einschätzt (primäre Einschätzung) und zu einer ungünstigen Bewertung der eigenen Bewältigungsressourcen (sekundäre Einschätzung) gelangt, dann entsteht Angst.

genetische Unterschiede

Biologische Ansätze betonen genetische Unterschiede als Ursache von Ängstlichkeitsunterschieden. Eine Schätzung des Erblichkeitsanteils von Persönlichkeitsmerkmalen erfolgt häufig durch den Vergleich von eineiigen Zwillingen, deren genetische Ausstattung zu 100 Prozent gleich ist, mit zweieiigen Zwillingen, die 50 Prozent der Gene teilen. Wenn eine genetische Komponente vorliegt, sollten eineiige Zwillinge eine höhere Ähnlichkeit in Bezug auf das Persönlichkeitsmerkmal aufweisen als zweieiige Zwillinge.

In einer Studie mit Kindern und Jugendlichen kamen so etwa Legrand et al. (1999) zu dem Schluss, dass 45 Prozent der Varianz der Ängstlichkeit auf genetische Faktoren zurückzuführen waren.

Geschlechtsunterschiede

Als weiterer wichtiger Einflussfaktor wird das Geschlecht diskutiert. Frauen berichten mehr Ängstlichkeit als Männer. Ob dies biologische Unterschiede zwischen Mann und Frau oder unterschiedliches Geschlechterrollenverhalten reflektiert, ist unklar. Für Männer ist Angst eine weniger sozial erwünschte Emotion als für Frauen, weshalb sie möglicherweise seltener bereit sind, Angst zu berichten.

Bedeutung von Lernerfahrungen

Eine wesentliche Rolle dürften aber auch Lernerfahrungen, vor allem in der Kindheit, spielen. Eltern, die selbst ängstlich sind, leben dieses Verhalten ihren Kindern als Modell vor. Auch Eltern, die den Handlungsspielraum ihrer Kinder einschränken und dadurch nur begrenzte Erfahrungen ermöglichen, können zu einer erhöhten Ängstlichkeit der Kinder beitragen.

Leistungsverhalten

Auswirkung von Ängstlichkeitsunterschieden auf Lebensbereiche: In welchen Lebensbereichen spielt es eine Rolle, ob jemand mehr oder weniger ängstlich ist? Häufig untersucht wurde die Bedeutung von Ängstlichkeit für das Leistungsverhalten, und zwar in der Form von Test- oder Prüfungsängstlichkeit (z.B. Liebert/Morris 1967).

Definition

Prüfungsängstlichkeit besteht aus zwei Komponenten, Besorgtheit und Aufgeregtheit. **Emotionale Aufgeregtheit** (emotionality) beschreibt die wahrgenommene physiologische Erregung vor oder in einer Leistungssituation (z.B. Schwitzen). Unter **Besorgtheit** (worry) werden hingegen aufgabenirrelevante Kognitionen zusammengefasst, wie Zweifel an der eigenen Kompetenz („Das kann ich nicht"), Misserfolgserwartungen („Das wird sicher danebengehen") oder negative Bewertungsantizipation („Ich bekomme sowieso eine schlechte Note").

Besorgtheit

Vor allem für die Besorgtheit wird angenommen, dass sie das Leistungsverhalten in Prüfungssituationen beeinträchtigen kann. Für eine gute Leistung bzw. das Lösen der Aufgaben in einer Prüfungssituation benötigt man in der Regel volle Konzentration. Besorgtheit beeinträchtigt die Leistung, indem sie die auf die Aufgabe gerichtete Aufmerksamkeit und Konzentration verringert und gleichzeitig die Aufmerksamkeit für aufgabenirrelevante Aspekte erhöht.

Studie

Dusek (1980) zeigte, dass sich Leistungsunterschiede zwischen hoch- und niedrigängstlichen Grundschulkindern signifikant reduzierten, wenn die hochängstlichen Kinder glaubten, dass es sich um eine Spielsituation statt um eine Prüfungssituation handelte. Bei Niedrigängstlichen hatte diese experimentelle Manipulation hingegen keinen Einfluss.

Allerdings lässt sich die leistungsmindernde Wirkung einer erhöhten Besorgtheit nicht durchgängig nachweisen, denn auch andere Faktoren wie Begabung, die aufgewendete Anstrengung, Umgebungsfaktoren oder die Art der Aufgaben spielen eine wesentliche Rolle.

Angststörungen

Aber nicht nur für das Leistungsverhalten, sondern in vielfältigen anderen Bereichen kann die Ausprägung der individuellen Ängstlichkeit Auswirkungen haben. Es zeigte sich z.B. auch, dass höhere Ängstlichkeit mit der Ausbildung von Angststörungen nach traumatisierenden Ereignissen (etwa Naturkatastrophen) einhergehen kann (Weems et al. 2007).

Angstbewältigungsstile

Ob eine erhöhte Ängstlichkeit negative Folgen nach sich zieht oder nicht, hängt ganz entscheidend davon ab, welche Formen der Angstbewältigung ein Mensch zeigt. Krohne (1993) betont die Bedeutung der Kognitionen auch beim Umgang mit angstauslösenden Situationen und beschreibt zwei wesentliche gedankliche Strategien: **Vigilanz**, die aktive gedankliche Beschäftigung und Hinwendung zur Situation, und **kognitive Vermeidung**, also die gedankliche Abwendung von der Situation. Beide Strategien können hilfreich sein, müssen aber flexibel, in Abhängigkeit von der Art der Situation, einsetzbar sein. Bei zumindest einigermaßen kontrollierbaren Situationen (etwa ein in mehreren Wochen anstehendes Referat) dürfte Vigilanz erfolgreicher sein, in nicht kontrollierbaren Situationen sollte kognitive Vermeidung zu einer besseren emotionalen Befindlichkeit führen.

Literatur

Krohne, H. W. (1996). Angst und Angstbewältigung. Stuttgart: Kohlhammer.

Lazarus-Mainka, G. & Siebeneick, S. (2000). Angst und Ängstlichkeit. Göttingen: Hogrefe.

Übungsaufgaben

1 Was unterscheidet das Persönlichkeitsmerkmal Ängstlichkeit vom Zustand Angst?

2 Durch welche Faktoren werden Unterschiede in der Ausprägung von Ängstlichkeit zwischen Personen erklärt?

3 Ist Vigilanz oder kognitive Vermeidung die bessere gedankliche Bewältigungsstrategie von Angst?

Die Antworten finden Sie unter www.reinhardt-verlag.de.

3.2.2 Ärgerneigung

Wenn der Wecker nicht geklingelt hat, weil die Batterie leer war, die Milch beim Frühstück sich als sauer herausstellt und der letzte freie Parkplatz von einem anderen Autofahrer belegt wird – dann empfinden die meisten Menschen Ärger. Wie stark dieser Ärger ist, hängt zu einem großen Teil von der individuellen Ärgerneigung ab.

Definition

Schwenkmezger et al. (1992) definieren die Eigenschaft **Ärgerneigung** als Tendenz einer Person, eine große Bandbreite von Situationen als störend oder frustrierend wahrzunehmen und in solchen Situationen mit einer Erhöhung des Ärgerzustands zu reagieren.

Kennzeichen von Ärger

Ärger**neigung** wird also als überdauernde Tendenz, sich häufig zu ärgern, von dem **Zustand des Sich-Ärgerns** unterschieden. Was ist dann der Zustand Ärger?

Definition

Selg et al. (1988) beschreiben **Ärger** als negative emotionale Reaktionen, die bei aversiven Erlebnissen auftreten, d.h. bei Frustrationen, Enttäuschungen, Belästigungen oder Demütigungen.

Diese aversiven Erlebnisse weisen eine Reihe von Gemeinsamkeiten auf:

- Ein Ereignis richtet sich gegen eigene Bedürfnisse/Motive, ein Handlungsziel wird als blockiert wahrgenommen.

Beispiel

„Ich habe das Handlungsziel, mein Auto zu parken, werde aber daran gehindert."

- Es wird jemand/etwas als verantwortlich erkannt.

Beispiel

„Es ist der andere Autofahrer, der verantwortlich ist dafür, dass ich mein Bedürfnis nicht verfolgen kann oder ich ein Handlungsziel nicht zu Ende bringen kann."

- Es erfolgt eine Schuldzuschreibung. Der Schuldige hat gegen eigene oder soziale Normen / Regeln verstoßen.

Beispiel

„Der andere Autofahrer hätte mir den Vorrang im Wettlauf um den Parkplatz lassen müssen."

Je größer die „Schuld" des Verursachers gesehen wird, desto stärker wird der Ärger.

Parameter von Ärger

Auch die Emotion Ärger ist, ebenso wie Angst, durch kurzfristige physiologische Veränderungen des Organismus (z. B. Blutdruckveränderungen, Erhöhung der Pulsfrequenz, Hormonausschüttungen) und einen typischen Gesichtsausdruck (zusammengepresste Lippen, geweitete Nasenflügel, vertikale Falten zwischen den Augenbrauen) charakterisiert. Die Veränderungen im physiologischen Status und im Ausdruck sollen Angriffsreaktionen des Organismus erleichtern und werden von einer subjektiv sehr leicht zu identifizierenden Gefühlsqualität unterstützt. Ärger wird (ebenso wie Angst) durch bestimmte kognitive Bewertungen begleitet (s. Kasten 3.7).

Kasten 3.8

Ärgerspezifische Kognitionen

Ärger wird in den kognitiven Emotionstheorien folgendermaßen erklärt: Die Situationsbewertung kommt zu dem Ergebnis, dass ein Ereignis vorliegt, das persönlich relevant ist, und zwar im Sinne eines drohenden oder bereits eingetretenen Schadens oder Verlusts. Als wichtige zusätzliche Komponente erfolgt hier die weitere Bewertung, dass der Schaden oder Verlust schuldhaft durch eine andere Person verursacht wurde (Kuppens et al. 2007). Gleichzeitig mit der primären

Bewertung des Ereignisses als Schaden/Verlust und der Zusatzbewertung als absichtlich herbeigeführt, erfolgt die sekundäre Einschätzung der eigenen Bewältigungskompetenzen. Im Falle der Emotion Ärger wird hier das Ergebnis zumeist sein, dass die Kompetenzen zur Bewältigung der Situation ausreichen. Als Ergebnis resultiert die Emotion Ärger, oder vorhandener Ärger wird noch intensiviert (Berkowitz/Harmon-Jones 2004).

Funktionen von Ärger

Die evolutionäre Bedeutung des Ärgers liegt darin, dass er zu Angriffs- und Kampfhandlungen motiviert. Dies ist jedoch nicht die einzige Funktion von Ärger. Der Ausdruck von Ärger hat z. B. auch eine kommunikative Funktion, indem er einmal den Zustand der sich ärgernden Person deutlich macht und zum anderen die Art und Qualität der Beziehung zwischen den Akteuren einer Ärgersituation widerspiegelt:

Beispiel

Der Chef kann dem Lehrling gegenüber seinem Ärger sehr eindeutig Luft machen, während im umgekehrten Fall eine deutliche Normverletzung vorliegt.

Studie

Ähnliche Normen betreffen die Ursachen, durch die Ärger ausgelöst werden darf. In einer Studie von Weber (2004) nannten die Probanden Frustrationen und Beleidigungen als legitime Ärgerauslöser, während störende Verhaltensweisen von anderen weit weniger als angemessener Grund für Ärger angesehen wurde. In ähnlicher Weise ließen sich auch soziale Konventionen für angemessene ärgerbezogene Reaktionen ausmachen.

Ärgerbewältigungsstile

Ärger erfordert fast immer eine Reaktion, weil es eine starke Emotion ist, der man sich kaum entziehen kann (s. Kasten 3.8).

Kasten 3.9

Formen der Ärgerbewältigung

- **Intrapsychische Formen** der Ärgerbewältigung umfassen Reaktionen wie Verleugnung oder Rationalisierung, bei denen der Ärger entweder gar nicht wahrgenommen wird bzw. wahrgenommener Ärger in seiner Bedeutungsqualität verändert wird („Nicht ich bin wütend, sondern mein Chef").
- **Aktionale Formen** der Ärgerbewältigung umfassen physische Angriffe, offenen verbalen Ausdruck des Ärgers oder auch Ersatzhandlungen wie das Zuschlagen von Türen.
- Zu den **kontrollierenden Bewältigungsformen** zählt alles, was zu einer besseren Handhabung ärgerlicher Gefühle und Handlungen führt, also z.B. die Blockierung spontaner aggressiver Impulse (bis 10 zählen), um die Erregung abflachen zu lassen. Damit einhergehend kann eine kognitive Neubewertung der Situation erfolgen: Auf den zweiten Blick erkennt man, dass ein Ereignis nicht mit Absicht, sondern durch einen unglücklichen Zufall zustande gekommen ist. Andere kontrollierende Bewältigungsformen sind das Aus-dem-Felde-Gehen oder selbstregulatorische Aktivitäten, wie z.B. Sport.

Menschen unterscheiden sich in den von ihnen bevorzugten Ärgerbewältigungsstilen ebenso wie in ihrer generellen Ärgerneigung. Beides hängt eng miteinander zusammen, denn dysfunktionale Ärgerbewältigungsstile können das Ärgererleben verstärken oder verlängern. Menschen, die über ärgerauslösende Situationen lange grübeln, anstatt sie neu zu bewerten und dadurch zu entschärfen, erleben den Ärger viel ausgeprägter, sind kognitiv eingeschränkter und weisen auch eine höhere Erregung des sympathischen Nervensystems auf (Ray et al. 2008).

Auswirkungen einer erhöhten Ärgerneigung: Das Ergebnis dieser Studie verweist auf die Auswirkungen, die Ärger auf den Körper und damit auf die Gesundheit haben kann. Eines der wichtigsten Themen im Zusammenhang mit Ärgerneigung und Ärger ist daher auch ihre mögliche krankheitsauslösende Wirkung. Ärger wurde mit verschiedenen Krankheiten oder körperlichen Veränderungen in Verbindung gebracht, vor allem mit Bluthochdruck und der Entwicklung von koronaren Herzerkrankungen.

Bluthochdruck

In der frühen Psychosomatik etwa wurde die Unterdrückung von Ärger mit Bluthochdruck in Verbindung gebracht, weil sie eine „natürliche Aufzehrung" von Wut durch körperliches Abreagieren verhindern soll.

koronare Herzerkrankungen

Besonders intensiv wurde der Zusammenhang zwischen Ärger und Krankheit im Rahmen der sogenannten **Typ-A-Forschung** untersucht (Friedman / Rosenman 1974). Die Grundthese hier lautete, dass eine bestimmte Persönlichkeitsdisposition zu gesundheitsschädlichen Verhaltensweisen, dem Typ-A-Verhalten, und das wiederum zur Entwicklung koronarer Herzkrankheiten führt. Zum Typ-A-Verhalten wurde übersteigerter Leistungsehrgeiz, Zeitnot, offener Ärgerausdruck, Konkurrenzdenken und Feindseligkeit gezählt. Jedoch hat sich das Typ-A-Konzept als Ganzes nicht als guter Prädiktor für die Entwicklung von Herz-Kreislauf-Erkrankungen erwiesen. Heute wird vor allem **dispositionelle Feindseligkeit**, die ebenfalls mit häufigem und intensivem Ärgererleben einhergeht, als begünstigend für die Entwicklung dieser Erkrankungen angesehen (Niaura et al. 2002).

Literatur

Weber, H. (1994). Ärger. Psychologie einer alltäglichen Emotion. Weinheim: Juventa.

Übungsaufgaben

1 Welche kognitiven Bewertungen kennzeichnen den Zustand Ärger?
2 Was sind die drei wesentlichen Formen der Ärgerbewältigung, und was sind Beispiele für jede Form?
3 Welche Zusammenhänge gibt es zwischen einer erhöhten Ärgerneigung und der Entstehung koronarer Herzerkrankungen?

Die Antworten finden Sie unter www.reinhardt-verlag.de.

3.2.3 Negative Affektivität

Bei Untersuchungen zu Ängstlichkeit und Ärgerneigung zeigt sich häufig, dass diese Eigenschaften recht stark miteinander zusammenhängen. Je höher der Zusammenhang bzw. die Korrelation zwischen Eigenschaften ist, desto größer sind die Gemeinsamkeiten, die diese teilen.

Definition

Dieser gemeinsame Anteil von negativen emotionalen Dispositionen wie Ängstlichkeit und Ärgerneigung wurde **negative Affektivität** genannt und stellt eine Persönlichkeitsdisposition höherer Ordnung dar (Watson/Clark 1992).

McCrae und John (1992) beschreiben negative Affektivität als die überdauernde, nicht pathologische Disposition, unangenehme und belastende emotionale Zustände zu erleben und zu berichten.

Kennzeichen negativer Affektivität

Solche unangenehmen Gefühlszustände sind z.B. Nervosität, Anspannung oder Besorgnis, die auch ohne einen konkreten situationalen Stressor erlebt werden können. Sie gehen mit negativen kognitiven Gewohnheiten (vor allem „Schwarzseherei") und damit zusammenhängenden Verhaltensweisen (z.B. Klagen) einher. Personen mit hoher negativer Affektivität haben als Folge ihrer häufigen negativen Stimmungen auch ein negatives Selbstbild. Negative Affektivität ist jedoch per se keine krankhafte Persönlichkeitsveränderung, sondern liegt innerhalb der Spannbreite klinisch unauffälliger, normaler Persönlichkeitsausprägungen.

Neurotizismus

Negative Affektivität hat eine große inhaltliche Ähnlichkeit mit dem Konstrukt Neurotizismus, das eines der Typenfaktoren in der Eigenschaftstheorie von Eysenck sowie Teil des Fünf-Faktoren-Modells der Persönlichkeit ist (→ Kap. 2.5). Entsprechend werden negative Affektivität und Neurotizismus häufig synonym zur Beschreibung globaler, negativer, nicht pathologischer Gefühls- und Verhaltenstendenzen verwendet (s. Kasten 3.9).

Kasten 3.10

Erfassung negativer Affektivität

Aufgrund der inhaltlichen Ähnlichkeit zum Konstrukt Neurotizismus und den Überlappungen mit Eigenschaften wie Ängstlichkeit oder Ärgerneigung werden teilweise Fragebogen zu diesen Dispositionen eingesetzt, um negative Affektivität zu messen. Es wurden aber auch eigenständige Fragebogen entwickelt, wie das Selbstbeschreibungsinstrument „Positive and Negative Affect Schedule", kurz PANAS, aus der Arbeitsgruppe um David Watson (als deutsche Version von Krohne et al. 1996 veröffentlicht). Es besteht aus 20 Adjektiven, von denen zehn eher positive (begeistert, aktiv) und zehn eher negative (bekümmert, gereizt) Empfindungen beschreiben. Je nach Instruktion kann man mit der PANAS die negative Affektivität als aktuellen Zustand oder als Persönlichkeitsmerkmal erfassen.

Auswirkungen hoher negativer Affektivität: Die Ausprägung des Persönlichkeitsmerkmals negative Affektivität steht in Wechselwirkung mit einer ganzen Reihe von Erlebens- und Verhaltensbereichen. Das Ausmaß an erlebtem Stress in Beziehungen oder am Arbeitsplatz scheint mit der Ausprägung negativer Affektivität ebenso zusammenzuhängen wie die wahrgenommene (Un-)Zufriedenheit in verschiedensten Lebensbereichen.

Partnerschaft

Beispielsweise beeinflusst negative Affektivität die Unzufriedenheit mit einer Partnerschaft und die Tendenz, maladaptive, d. h. negative Ursachenzuschreibungen für partnerschaftstypische Situationen wie Kritik durch den Partner oder distanziertes Verhalten des Partners vorzunehmen (Karney et al. 1994).

Symptomberichte

Sehr häufig untersuchte Zusammenhänge betreffen die Beziehungen zwischen negativer Affektivität und Gesundheit/Krankheit. Bei vielen entsprechenden Studien zeigte sich, dass Menschen mit einer hohen negativen Affektivität viel häufiger Beschwerden berichten als Personen mit einer niedrig ausgeprägten negativen Affektivität (Watson/Pennebaker 1989), ohne dass gleichzeitig eine höhere somatische Krankheitsbelastung vorhanden wäre. Die Symptomberichte beziehen sich dabei häufiger auf diffuse (etwa Schwäche oder Müdigkeit) als auf konkrete Symptome (Vassend 1989). Eine Erklärung hierfür könnte die generelle Fokussierung von Menschen mit hoher negativer Affektivität auf negative Phänomene sein, sowie ihre Tendenz, für Wahrnehmungen eher negative (z. B. bedrohliche) Ursachen anzunehmen.

Studie

Recht gut belegt ist, dass Menschen mit einer erhöhten negativen Affektivität dazu neigen, besondere Aufmerksamkeit auf körperbezogene Wahrnehmungen zu richten und eher negative Ursachen dafür zu finden (Stegen et al. 2001).

Gesundheitsverhalten

Nicht ganz so einheitlich wie die Ergebnisse zur Beziehung zwischen negativer Affektivität und Symptomberichten ist die Befundlage zum Zusammenhang mit dem tatsächlichen gesundheitsrelevanten Verhalten wie Ernährung, Bewegung oder Gebrauch von gesundheitsschädigenden Substanzen.

Studie

Shoal und Giancola (2003) fanden einen Zusammenhang zwischen negativer Affektivität und Drogenkonsum bei männlichen Jugendlichen, der durch die eigene und Peer-Delinquenz moderiert wird: Jugendliche mit erhöhter negativer Affektivität sind häufiger straffällig bzw. haben Kontakt mit straffälligen Freunden und Bekannten, und dieser Kontakt wiederum steht im Zusammenhang mit einem erhöhten Drogenkonsum.

Kasten 3.11

Gesundheitsförderung durch negative Affektivität?

Gegenüber solchen Ergebnissen gibt es auch andere Überlegungen zum Zusammenhang zwischen negativer Affektivität und Gesundheit/Krankheit: Möglicherweise kann negative Affektivität auch positiv für die Gesundheit sein. Kurzfristiges Erleben negativer Emotionen könnte z.B. das sympathische Nervensystem stimulieren und so das Immunsystem stärken. Ängstlichkeit und Schuldgefühle als Folge einer erhöhten negativen Affektivität könnten zu einer verstärkten Nutzung von Vorsorgemöglichkeiten führen (Mayne 1999).

Typ-D-Verhalten

Eine manifeste gesundheitsschädigende Wirkung von negativer Affektivität in Kombination mit anderen Persönlichkeitsmerkmalen wird seit einiger Zeit im Zusammenhang mit der Typ-D-Persönlichkeit diskutiert.

Definition

Eine hohe Ausprägung negativer Affektivität bei gleichzeitiger starker sozialer Hemmung wird als „distressed" Persönlichkeit, also **Typ-D-Persönlichkeit**, bezeichnet.

Menschen mit einer Typ-D-Persönlichkeit gelten als besonders anfällig für chronischen Stress und vielfältige gesundheitliche Risiken wie Herz-Kreislauf-Erkrankungen oder aber auch Posttraumatische Belastungsstörungen (Denollet et al. 2006). Unter anderem wird eine erhöhte dysfunktionale Aktivierung des Immunsystems und eine allgemeine physiologische Übererregung für die negativen gesundheitlichen Folgen der Kombination von hoher negativer Affektivität und sozialer Hemmung verantwortlich gemacht.

Literatur

Watson, D. & Clark, L. A. (1984). Negative affectivity: The Disposition to experience aversive emotional states. Psychological Bulletin, 96, 465–490.

Übungsaufgaben

1. Warum ist negative Affektivität ein Persönlichkeitsmerkmal höherer Ordnung?
2. Welche Zusammenhänge gibt es zwischen einer erhöhten negativen Affektivität und Gesundheit / Krankheit?
3. Was macht die Typ-D-Persönlichkeit aus?

Die Antworten finden Sie unter www.reinhardt-verlag.de.

3.2.4 Positive Emotionalität

In jüngster Zeit rückt die Bedeutung positiver Emotionalität, sei es als Zustand oder als Eigenschaft, mehr in den Blickpunkt der Persönlichkeitspsychologie. Zusammenhänge zwischen der Fähigkeit, positive Gefühle zu erleben, und wichtigen Lebensbereichen legen eine intensivere Beschäftigung mit diesem Thema nahe.

Studie

Danner et al. (2001) analysierten autobiografische Texte von 180 Nonnen, die an einer Studie über Altersprozesse und -krankheiten teilnahmen. Die Nonnen hatten die Texte 1930 geschrieben. Über 60 Jahre später wurden diese Texte inhaltlich analysiert und Zusammenhänge zwischen den Inhalten und der Überlebenswahrscheinlichkeit der Frauen untersucht. Diejenigen Nonnen, deren Texte die meisten positiven Inhalte aufwiesen, lebten bis zu zehn Jahre länger als die Nonnen mit den am wenigsten positiven Texten.

uneinheitliche Begrifflichkeiten

Die Begriffe, durch die eine positive emotionale Erlebnisfähigkeit beschrieben wird, sind allerdings uneinheitlich. Mindestens zwei Konstrukte werden häufig in diesem Zusammenhang diskutiert: Positive Affektivität und, als stärker interaktionsbezogenes Konzept, Extraversion.

Definition

Positive Affektivität oder positiver Affekt wird von Watson und Clark (1997) als Zustand angenehmer physiologischer Erregung verbunden mit einer allgemeinen, positiv bewerteten Aktiviertheit charakterisiert. Weitere Bestandteile hoher positiver Affektivität in der Definition von Watson und Clark sind Enthusiasmus, Freude, Energie, geistige Wachheit und Zuversichtlichkeit.

positive und negative Affektivität

Ebenso wie negative Affektivität ist positive Affektivität eine Persönlichkeitsdisposition höherer Ordnung, die die Gemeinsamkeit einer Reihe von spezifischen Persönlichkeitsmerkmalen mit, im Fall der positiven Affektivität, einer positiver Färbung darstellt. Diese beiden globalen Dimensionen des Gefühlslebens, also negative und positive Affektivität, dienen unterschiedlichen Anpassungsaufgaben. Negative Affektivität erleichtert es dem Organismus, durch Rückzug und Vermeidung Schädigungen zu verhindern. Positive Affektivität hingegen fördert die Annäherung an Situationen, die potenziell Verstärkungen, Wachstum und Vergnügen ermöglichen. Sowohl negative als auch positive Affektivität haben damit eine je eigenständige, wichtige Funktion für den Organismus. Daher werden sie als voneinander unabhängige Dimensionen des Gefühlslebens betrachtet: Jeder Mensch hat sowohl eine für ihn charakteristische Ausprägung der negativen wie der positiven Affektivität (Watson 2002).

Definition

Ein anderes zentrales Konstrukt im Zusammenhang mit positiver Emotionalität ist **Extraversion**. Ostendorf und Angleitner (2004) beschreiben im Rahmen des Fünf-Faktoren-Modells der Persönlichkeit (→ Kap. 2.5) Extravertierte als „gesellig, gesprächig, freundlich, unternehmungsfreudig und aktiv. ... Sie neigen zu Optimismus, sind eher heiter gestimmt und sind gute Unterhalter“ (S. 40).

Extraversion und positive Stimmung

Die Beziehung zwischen Extraversion und positiven Gefühlsqualitäten scheint u.a. darin begründet zu sein, dass Personen mit einer hohen Ausprägung von Extraversion eine erhöhte Ansprechbarkeit für die Induzierung positiver Stimmungen haben: Ihre Laune verbessert sich deutlicher, wenn sie sich positive Szenen wie einen Lottogewinn oder einen Spaziergang an einem schönen Tag vorstellen, als dies bei Menschen mit einer niedrigen Extraversion der Fall ist (Larsen/Ketelaar 1991).

Eine genaue Abgrenzung von positiver Emotionalität, positiver Affektivität und Extraversion ist jedoch nur schwer möglich, weil sich die drei Konstrukte in vielen Aspekten überlappen. Gemeinsam ist diesen Konstrukten, dass sie positive Persönlichkeitsmerkmale wie Fröhlichkeit, Zufriedenheit, Wohlbefinden, Aktivität und Geselligkeit zum Inhalt haben.

gesundheitliche Korrelate

Die „Nonnenstudie“ legt Zusammenhänge zwischen positiver Emotionalität und Langlebigkeit und damit der Gesundheit nahe, denn im Allgemeinen sind es gesunde Menschen, die länger leben. Für eine Reihe von gesundheitsbezogenen Erlebens- und Verhaltensbereichen lässt sich die Bedeutsamkeit positiver Emotionalität nachweisen. Menschen mit einer hohen positiven Affektivität berichten z.B. über eine bessere selbsteingeschätzte Gesundheit.

Studie

In einer Studie von Pulkkinen et al. (1998) war dieser Zusammenhang über einen Zeitraum von zehn Jahren stabil. Diese Studie zeigte zum einen, dass positive Affektivität ein überdauerndes Persönlichkeitsmerkmal ist, weil sich ihre Ausprägung über die zehn Jahre hinweg nicht wesentlich änderte. Zweitens gibt sie Hinweise darauf, dass der Zusammenhang zwischen einer erhöhten positiven Affektivität und der wahrgenommenen Gesundheit nicht in einer spezifischen Situationskonstellation begründet ist, sondern über längere Zeiträume Bestand hat. Das kann u.a. daran liegen, dass es Menschen mit einer hohen positiven Affektivität leichter zu fallen scheint, in ihrem Alltag gesundheitsförderndes Verhalten wie sportliche Aktivitäten und die Pflege sozialer Kontakte zu zeigen (Watson 1988).

kognitive Leistungen

Ein anderer Bereich, der durch positive Emotionalität beeinflusst wird, ist die kognitive Leistungsfähigkeit (Isen 2000). Menschen in einem positiven emotionalen Zustand haben besseren Zugang zu Gedächtnisinhalten, so dass sie bei der Lösung komplexerer Aufgaben erfolgreicher sind. Außerdem scheint eine positive emotionale Stimmung kognitive Flexibilität, Kreativität und Innovation zu fördern und zu effektiveren Problemlösungen zu befähigen. Fragt man z.B. Menschen, die in eine gute Stimmung versetzt wurden, nach Wortassoziationen, dann können sie mehr ungewöhnliche und kreative Bedeutungen nennen als Menschen in einer schlechteren Stimmung.

Aufwärtsspirale

Wenn man davon ausgeht, dass sich positive Emotionalität als Eigenschaft durch häufige und intensive positive Gefühlszustände auszeichnet, dann erscheint es plausibel, dass Menschen mit einer hohen dispositionellen positiven Emotionalität in vielen Bereichen des Lebens häufige positive Erfahrungen machen. Dies ist wiederum ihrer Stimmung zuträglich – eine positive Aufwärtsspirale (s. a. Kasten 3.11).

Kasten 3.12

Die „broaden-and-build"-Theorie

Mit der „broaden-and-build"-Theorie (etwa: erweitern und aufbauen) versucht Fredrickson (2001), die Wirkung positiver Emotionalität in ähnlicher Weise zu erklären. Diese Theorie besagt, dass positive Emotionen das aktuelle kognitive und verhaltensbezogene Repertoire von Menschen aktivieren und erweitern (wie etwa die geistige Leistungsfähigkeit) und dazu führen, dass Situationen erfolgreich gemeistert werden können. Durch häufige erfolgreiche Problemlösungen, seien sie bezogen auf soziale oder andere Probleme, bauen sich überdauernde personale Ressourcen auf, die in schwierigen Situationen genutzt werden können. Alles in allem, so der Kern der Theorie, ist die Fähigkeit, häufig und intensiv positive Emotionen zu erleben, eine wichtige Voraussetzung für eine gute Anpassung an die Anforderungen des Lebens.

Resilienz

Menschen, die in schwierigen Lebenssituationen eine gute Anpassung zeigen und durch Widrigkeiten nicht aus der Bahn geworfen werden, werden als resilient, d.h. psychisch widerstandsfähig, bezeichnet. Resilienz zeichnet sich u.a. durch häufiges Erleben positiver Emotionen aus. Aufgrund dieser Gemeinsamkeiten ist es sinnvoll, beide Konzepte im Zusammenhang zu betrachten: Resiliente Menschen könnten aufgrund ihrer erhöhten positiven Emotionalität in besonderem Maße zu flexibler und funktionaler Bewältigung in der Lage sein, was mit einem niedrigeren Stressempfinden, subjektiv und physiologisch nachweisbar, einhergeht.

negative Korrelate?

Positive Emotionalität, so die bisherige Darstellung, ist in fast allen Zusammenhängen förderlich. Ist sie aber tatsächlich immer wünschenswert? Diese Frage stellt sich z.B. im Zusammenhang mit dem Krankheitsbild der Manie.

Definition

Die **Manie** zählt zu den affektiven Störungen, also den Störungen des Gefühlslebens. Sie tritt als eigenständiges Störungsbild auf oder als Kernsymptom einer bipolaren Störung, bei der sich manische und depressive Episoden abwechseln. Symptome einer Manie sind Antriebssteigerung, Selbstüberschätzung, eine unangemessen gehobene Stimmung und beschleunigtes Denken. Auf der Verhaltensebene äußert sich die manische Symptomatik in exzessiven Verhaltensweisen, wie z.B. Kaufrausch oder übermäßigem Alkoholkonsum. Gereiztheit oder aggressives Verhalten können ebenfalls als manische Symptome auftreten.

Da eine gehobene Stimmung eines der Kernsymptome einer manischen Störung ist, sind mögliche Zusammenhänge zwischen einer (unangemessen hohen) positiven Emotionalität und der Anfälligkeit für manische Störungen naheliegend.

Studie

Um die Beziehung zwischen einer erhöhten positiven Emotionalität – genauer: einer erhöhten Ansprechbarkeit für positive Stimmungen – und dem Risiko für manische Störungen zu untersuchen, verglichen Gruber et al. (2008) Personen, die ein erhöhtes Risiko für die Ausbildung einer manischen Störung hatten, mit einer vergleichbaren Gruppe von nicht gefährdeten Studierenden. Beiden Gruppen wurden mehrere Filme gezeigt, die entweder einen neutralen, einen positiven oder einen negativen Inhalt hatten. Bei allen Probanden wurde nach jedem Film die Stimmungslage sowie die Reizbarkeit erfragt, außerdem wurde der Gesichtsausdruck während des Betrachtens jeder Filmsequenz gefilmt und bewertet und physiologische Maße erhoben. Unabhängig vom Inhalt des Films berichteten die Personen mit einem erhöhten Manierisiko deutlich mehr positive Emotionen und eine höhere Reizbarkeit als die Vergleichsgruppe. Diese Unterschiede spiegelten sich nicht im Gesichtsausdruck, aber auf physiologischer Ebene wider.

Auch ein Übermaß an positiver Emotionalität kann also, in bestimmten Bereichen, negativ wirken. Ein differenziertes Bild der Ursachen und Wirkungen positiver Emotionalität steht jedoch noch aus, wird aber durch die vielfältigen aktuellen Forschungsbemühungen zu diesem Thema derzeit vorangetrieben.

Literatur

Fredrickson, B. L. (2003). The value of positive emotions. The emerging science of positive psychology is coming to understand why it's good to feel good. American Scientist, 91, 330–335.

Übungsaufgaben

1 Welche Konstrukte werden im Zusammenhang mit positiver Emotionalität diskutiert?

2 Wie ist der Zusammenhang zwischen positiver und negativer Affektivität?

3 Wie erklärt die „broaden-and-build"-Theorie die Wirkung positiver Emotionalität?

Die Antworten finden Sie unter www.reinhardt-verlag.de.

3.3 | Motivationsbezogene Unterschiede

Emotionen können auch als Handlungsdispositionen verstanden werden. Prüfungsängstlichkeit führt beispielsweise dazu, dass eine erhöhte Bereitschaft zur Vermeidung angstauslösender Prüfungssituationen entsteht. Aber weder eine hohe intellektuelle Begabung noch bestimmte emotionale Dispositionen geben unserem Handeln eine geordnete und generelle Richtung. Vielmehr bedarf es hier noch einer weiteren zentralen psychologischen „Zutat". Dies sind die Motive und persönlichen Ziele, die dem menschlichen Verhalten seine Richtung geben.

Motive und Ziele sind zwei verwandte Konzepte. Motive sind grundlegende physische und psychische Bewertungsdispositionen, die mit einer Präferenz für eine bestimmte Klasse von Handlungszielen einhergehen. Ein persönliches Ziel bezeichnet hingegen einen positiven Endzustand, der durch das Verhalten angestrebt wird. Menschen unterscheiden sich sowohl in der Ausprägung von Motiven (etwa dem Leistungs- und Zugehörigkeitsstreben) als auch in ihren persönlichen Zielen, wie die folgenden Abschnitte deutlich machen.

3.3.1 | Motive

Wesentlich für die Erklärung von Verhalten ist die Kenntnis der Motive, die dem Verhalten eines Menschen seine Richtung geben (McClelland 1987).

Definition

Ein **Motiv** lässt sich definieren als eine thematisch abgrenzbare Bewertungsdisposition (Schneider/Schmalt 2000), die die Richtung des Verhaltens spezifiziert. Es handelt sich hierbei sowohl um angeborene (z.B. Hunger) als auch um überwiegend in der Sozialisation erworbene oder veränderte Motive (z.B. Leistung).

Motive alleine reichen jedoch nicht aus, um zielgerichtetes Verhalten zu erklären. Ohne Motivation können Motive nicht wirksam werden.

Definition

Motivation ist die allgemeine Bezeichnung für alle Prozesse, die körperliche und psychische Vorgänge auslösen, steuern oder aufrechterhalten.

Im Allgemeinen ist das Verhalten auf einen positiv bewerteten Zustand hin oder weg von einem negativ bewerteten Zustand gerichtet (Rheinberg 2004).

Die Motivation ist also der Zustand der Aktivierung des Organismus. Das Ziel der Aktivierung wird durch das Motiv festgelegt. Wenn das Motiv „Hunger" aktiviert ist, dann ist unser Verhalten dahingehend motiviert, den Zustand der Sattheit zu erreichen. Dazu sind wir dank einer erhöhten Aufmerksamkeit für nahrungsbezogene Informationen, dem aktiven Aufsuchen von Orten, an denen Nahrung zu finden ist, und letztlich auch dank der Fertigkeit, die Nahrung in den Mund zu befördern, in der Lage.

Anreize

Eine weitere wichtige Komponente im Zusammenhang mit Motiven und Motivation sind situative Anreize, die ein Motiv erst aktivieren. Das Motiv „Hunger" ist angeboren und damit ständig präsent, aber es wird nur dann verhaltenswirksam, wenn es durch physiologische Anreize (etwa Magenknurren) und/oder äußere Anreize (Geruch von Essen) angeregt wird.

Kasten 3.13

Art und Anzahl von Motiven

In den verschiedenen Ansätzen zur Erklärung des motivierten Verhaltens werden sehr unterschiedliche Vorschläge zur Art, dem Konkretheitsgrad und der Anzahl grundlegender Motive gemacht. Murray (1938) beschrieb zwischen 20 und 30 unterschiedliche Motive, während Freud nur zwei sehr breite Motivklassen, den Lebens- und den Todestrieb, unterschied. Über alle Theorien hinweg gibt es einen gewissen Konsens dahingehend, dass Hunger, Durst, Sexualität oder Schutz als typische angeborene physiologische Motive verstanden werden, während Leistung, Macht, Anschluss und Intimität eher zu den psychologischen Motiven gezählt werden.

Zusammenspiel mehrerer Motive

In fast allen konkreten Situationen nehmen mehrere Motive Einfluss auf die Ausrichtung des Verhaltens.

Beispiel

Wenn jemand während einer Klausur Hunger hat, dann packt er vielleicht einen Schokoriegel aus und schreibt beim Essen weiter: Hunger und Leistung sind in der Situation gleichermaßen verhaltensrelevant.

Ist ein solcher Kompromiss zwischen verschiedenen Motiven nicht möglich, dann werden die aktuell weniger relevanten Motive zurückgestellt, oder es kommt zu Motivkonflikten.

Motivdispositionen und konkrete Zielsetzungen

Frühe Theorien zu Motiven und zur Motivation bezogen sich überwiegend auf die Erklärung der Wirkung angeborener Motive und beschäftigten sich weniger mit individuellen Unterschieden in der Ausprägung psychologischer Motive. In eher differentialpsychologisch orientierten Erklärungsansätzen steht genau diese Beschäftigung mit individuellem, zielbezogenem Verhalten im Vordergrund. Hier sind Motivdispositionen, d.h. die individuelle Ausprägung von verschiedenen Motiven, sowie konkrete Zielsetzungen einer Person wichtig (Heckhausen/Heckhausen 2006).

Definition

Motivdispositionen werden auch als implizite und konkrete Zielsetzungen als explizite Motive bezeichnet (Brunstein 2006). **Implizite Motive** sind überwiegend erlernte, dem Bewusstsein meist nicht leicht zugängliche Bewertungsdispositionen. Sie beeinflussen das Verhalten, indem sie immer wieder zu einer Hinwendung zu ähnlichen Themen und dem Aufsuchen ähnlicher Situationen führen. **Explizite Motive** charakterisieren das Selbstbild einer Person und ihre Ideen darüber, welche Motive ihr Handeln bestimmen.

unterschiedliche Verfahren

Beide Motivarten sollten, wegen ihres unterschiedlichen Bewusstheitsgrades, durch unterschiedliche Verfahren erhoben werden: Implizite Motive durch indirekte Verfahren wie projektive Tests, während die dem Bewusstsein zugänglichen expliziten Motive durch Selbstberichte zugänglich gemacht werden können (→ Kap. 1.3 und Kasten 3.13).

Kasten 3.14

Thematischer Apperzeptionstest und Multi-Motiv-Gitter

Der „Thematische Apperzeptionstest" (TAT) wurde von Henry Murray (1943) entwickelt. Bei diesem Verfahren bekommen die Probanden Bildtafeln mit mehrdeutigen Bildern vorgelegt, zu denen sie Geschichten erzählen sollen. Das Verfahren wurde aufgrund folgender Annahmen entwickelt: Zum einen können sich Menschen in andere Menschen durch Empathie hineinversetzen. Zum Zweiten benutzen Menschen eigene Gefühle und Erfahrungen, um zu erraten, was andere fühlen und erleben: Menschen projizieren also ihre eigenen Gedanken, Erlebnisse und Wünsche auf andere Individuen und Situationen. Solche Projektionen werden durch mehrdeutiges Testmaterial gefördert. Die anschließende Analyse der Geschichten ermöglicht es, die Motive, Einstellungen und Erfahrungen der Probanden zu erfassen.

Ein neueres Verfahren, das die projektive Grundidee mit einem stärker standardisierten Antwortformat verbindet, ist das Multi-Motiv-Gitter (Schmalt et al. 2000). Hier werden ebenfalls Zeichnungen vorgegeben, die die Motive Leistung, Macht und Anschluss ansprechen sollen. Die Reaktionen auf diese Zeichnungen werden jedoch nicht frei formuliert, sondern müssen aus vorgegebenen Antwortalternativen ausgewählt werden.

Motivdispositionen bzw. implizite Motive wirken im Sinne eines überdauernden Merkmals, weil Menschen mit einer bestimmten Motivdisposition immer wieder solche Situationen aufsuchen, die dieser Disposition entsprechen. Sind Motive damit das Gleiche wie Persönlichkeitseigenschaften? Diese Frage wird kontrovers diskutiert.

Studie

Winter et al. (1998) vertreten die Position, dass Eigenschaften und Motive voneinander unabhängige Aspekte der Persönlichkeit darstellen: Die Motive geben die Richtung vor, und die Persönlichkeitseigenschaften nehmen Einfluss auf die Ausgestaltung des aktuellen Verhaltens. In einer Längsschnittstudie an 140 Frauen wurden das Macht- und Anschlussmotiv sowie die Extraversion erhoben und u. a. mit der Beziehungsqualität in Zusammenhang gebracht. Bei Frauen, die ein starkes Anschlussmotiv hatten, aber eher introvertiert waren, fand sich eine geringere Beziehungsqualität (und weniger stabile Beziehungen) als bei Frauen mit einem starken Anschlussmotiv und ausgeprägter Extraversion. Widersprüche zwischen Motiv und Persönlichkeitseigenschaften (wie im ersten Fall) könnten sich demnach negativ auf die Befindlichkeit und die Ausgestaltung der Lebensbezüge auswirken.

Leistungsmotiv und -motivation

Das Leistungsmotiv wird, neben anderen Faktoren, zur Erklärung von intra- und interindividuellen Unterschieden im Leistungsverhalten herangezogen. Menschen mit einem hoch ausgeprägten Leistungsmotiv sind sehr ansprechbar für leistungsbezogene Aspekte einer Situation.

Beispiel

Eine hoch leistungsmotivierte Studentin etwa wird in einer Seminarsituation eher die leistungsbezogenen als die sozialen Aspekte wahrnehmen.

Ein starkes Leistungsmotiv steht außerdem im Zusammenhang mit dem Streben nach Leistungsfortschritt und der Bevorzugung von Aufgaben, die vor allem aufgrund eigener Fähigkeiten (und weniger aufgrund von Glück oder Aufgabenmerkmalen, wie etwa einer geringen Schwierigkeit) bewältigt werden können.

Motivausprägungen

Eine wichtige Differenzierung des Leistungsmotivs wurde durch Atkinson vorgeschlagen (Atkinson / Raynor 1974). Er unterschied Hoffnung auf Erfolg und Furcht vor Misserfolg als voneinander unabhängige Motivausprägungen.

Definition

Die generelle Leistungsmotivation einer Person setzt sich zusammen aus der **Hoffnung auf Erfolg minus der Furcht vor Misserfolg**. Überwiegt bei einem Menschen die Hoffnung auf Erfolg, dann führt dies zu einem nach Erfolg strebenden Verhalten. Überwiegt die Furcht vor Misserfolg, dann dominiert ein leistungsvermeidendes Verhalten.

Literatur

Rheinberg, F. (2004). Motivation.
Stuttgart: Kohlhammer.

Übungsaufgaben

1 Wie wirken Motive, Motivation und Anreize zusammen?
2 Worin unterscheiden sich implizite und explizite Motive?
3 In welche unterschiedlichen, voneinander unabhängigen Ausprägungen differenziert sich das Leistungsmotiv?

Die Antworten finden Sie unter www.reinhardt-verlag.de.

Persönliche Ziele

3.3.2

Neben Motiven sind die persönlichen Ziele, die jemand in seinem Leben erreichen möchte, ein weiteres wichtiges Steuerungssystem menschlichen Verhaltens.

Definition

Brunstein und Maier (1996) beschreiben Ziele als Anliegen, die Menschen in ihrem Alltag verfolgen und durch eigenes Handeln zu verwirklichen suchen.

Persönliche Ziele sind zukunfts- und zweckorientiert und nehmen Einfluss darauf, wie Personen ihre Lebenssituation gestalten, welche Fähigkeiten sie erwerben und welche Anforderungen und Aufgaben sie meistern wollen.

Merkmale persönlicher Ziele

Ziele (z.B. „Ich möchte mein Studium erfolgreich beenden" oder „Ich möchte am Wochenende zwei Stunden Sport treiben") lassen sich anhand einer Reihe von Merkmalen beschreiben (s. Austin/Vancouver 1996):

- Der **Zielinhalt** bezieht sich auf die Thematik, also den Lebensbereich, für den das Ziel formuliert wurde.
- Die **Zieldimensionen** beschreiben Merkmale wie die Wichtigkeit, die Realisierbarkeit, die Schwierigkeit oder den Fortschritt, der bisher bei der Zielverfolgung erreicht werden konnte.

- Wie ein Ziel erreicht wird, welche Schritte dazu notwendig sind und wie Verhaltenspläne zur Zielerreichung gefasst und umgesetzt werden, ist Gegenstand der **Prozessmerkmale von Zielen**.
- Und schließlich verfolgen Menschen immer mehrere Ziele gleichzeitig, so dass unter dem Aspekt der **Zielstruktur** das gesamte Zielsystem eines Menschen in den Blick kommt.

Beispiel

Neben dem Ziel des erfolgreichen Studienabschlusses kann eine Studentin die Ziele haben, sportlich aktiv zu sein, ihren Freundeskreis zu pflegen, möglichst viel Urlaub zu machen und die Beziehung zu ihren Eltern zu verbessern.

Ziele als Persönlichkeitsmerkmale

Ein Beispiel für eine Zieltheorie, die sich besonders auf differentialpsychologische Gesichtspunkte fokussiert, ist der Ansatz von Robert Emmons (1989). Emmons bezeichnet Ziele als „personal strivings" oder **persönliche Bestrebungen**. Dies sind alle Anliegen, die ein Mensch typischerweise zu erreichen versucht und die ihn damit besonders charakterisieren.

konkrete und abstrakte Ziele

Persönliche Bestrebungen können auf unterschiedlichen Abstraktionsebenen formuliert sein („gesünder leben wollen" ist hoch abstrakt, „Treppe anstatt Aufzug benutzen wollen" ist wenig abstrakt). Nach Emmons verfolgen alle Menschen Ziele mit unterschiedlichen Themen, unterscheiden sich aber hinsichtlich des generellen Abstraktionsgrads ihrer Ziele.

ambivalente Ziele

Persönliche Bestrebungen können außerdem unterschiedlich ambivalent sein. Ambivalenz meint, dass das Erreichen eines Ziels oder einer Bestrebung sowohl negative als auch positive Aspekte hat.

Beispiel

Das Ziel „Ich möchte meine Gefühle klar und deutlich zum Ausdruck bringen" kann etwa mit einer normativen Anforderung wie „In der Öffentlichkeit soll man sich beherrschen" in Konflikt stehen und dadurch Ambivalenz erzeugen – sobald man sich dem Ziel entsprechend verhält, resultieren unter Umständen soziale Sanktionen.

Ziele und Motive

Sowohl Ziele als auch Motive nehmen Einfluss auf die Wahrnehmung, das Verhalten und die Gefühlslage von Menschen. Wo sind Gemeinsamkeiten, wo Unterschiede zwischen beiden Konstrukten? Zum Verhältnis der beiden Motivationssysteme zueinander gibt es mindestens zwei Meinungen (s. Kasten 3.14).

Kasten 3.15

Wie verhalten sich persönliche Ziele und Motive zueinander?

Nach Wurf und Markus (1991) sind Ziele die Übersetzungen der individuellen Ausprägungen der allgemeinen Motive in alltagsrelevante Handlungen. Innerhalb des eigenen Motivsystems werden Ziele entwickelt, die zum einen um ihrer selbst Willen angestrebt werden, aber auch die übergeordneten Motive befriedigen (ein starkes Machtmotiv etwa kann sich in dem konkreten Ziel „Ich will Vorstand meines Sportvereins werden" manifestieren). Entsprechend dieser Sichtweise müssten also alle Ziele und Pläne eines Menschen direkt aus seinem Motivsystem ableitbar oder darauf bezogen sein.

Andere Autoren vertreten hingegen die Meinung, dass Motive und Ziele nicht direkt aufeinander bezogen sein müssen, sondern eher autonome Motivationssysteme sind. Auch ein sehr machtorientierter Mensch kann zu bestimmten Zeiten in seinem Verhalten vor allem durch das Ziel bestimmt sein, enge und warme Beziehungen zu knüpfen. Weichen die Ziele und die übergeordneten Motive eines Menschen aber über längere Zeiträume voneinander ab, dann führt dies zu negativen Auswirkungen für die betroffene Person, etwa einem geringen Wohlbefinden (Brunstein et al. 1998).

Ziele und Wohlbefinden

Die Untersuchung der Zusammenhänge zwischen Zielen und dem psychischen und physischen Wohlbefinden ist ein häufiges Thema der Zielforschung (Maes/Karoly 2005).

Studie

Emmons (1992) fand bei seinen Untersuchungen zum Abstraktionsgrad von „personal strivings", dass konkrete Ziele mit einem höheren Wohlbefinden als abstrakte Ziele einhergehen, denn bei konkreten Zielen ist eine erfolgreiche Zielerreichung deutlicher zu erkennen.

Weiterhin zeigte sich in einer Studie von Ewart und Jorgensen (2004), dass Personen mit Zielen, die stark auf die Anerkennung durch andere Personen ausgerichtet sind, eine über verschiedene Situationen hinweg erhöhte Aktivierung des Herz-Kreislauf-Systems aufwiesen. Diese kann als chronischer Zustand eine Gesundheitsgefährdung darstellen.

Zielstruktur und Wohlbefinden

Wenn die Zielstruktur eines Menschen Ziele enthält, die miteinander konfligieren oder sich behindern (viel Zeit mit Freunden verbringen wollen, aber intensiv studieren wollen), dann wird dadurch das Wohlbefinden oder auch die psychische Gesundheit beeinträchtigt.

Studie

Emmons und King (1988) fanden, dass Personen mit Konflikten innerhalb der Zielorganisation und vielen ambivalenten Zielen mehr negative Affekte, Depression, Neurotizismus und psychosomatische Beschwerden berichteten.

Zieldimensionen und Wohlbefinden

Die Realisierbarkeit bedeutsamer Ziele wirkt sich positiv auf das Befinden aus. Sind wichtige Ziele jedoch nicht erreichbar, dann kann das negative Folgen, wie etwa eine geringe Lebensqualität oder ein niedriges Wohlbefinden, haben.

adaptive Zielanpassung

Was können oder sollten Menschen tun, wenn sie feststellen, dass wichtige Ziele nicht oder nicht mehr zu erreichen sind? In der aktuellen Zielforschung wird verstärkt untersucht, welche Prozesse die Wiederherstellung des Wohlbefindens und eine Neuanpassung nach dem Verlust eines bedeutsamen Ziels erleichtern (Wrosch et al. 2003). Dies sind zum einen die Aufgabe des ursprünglichen Ziels (Zielentbindung) und zum anderen das Setzen neuer Ziele (Zielneubindung). Die Fähigkeit zur adaptiven Zielanpassung wird derzeit ebenfalls als Fähigkeit verstanden, in der sich Personen im Sinne einer Disposition unterscheiden.

Literatur

Brunstein, J. C. & Maier, G. W. (1996). Persönliche Ziele: Ein Überblick zum Stand der Forschung. Psychologische Rundschau, 47, 146–160.

Übungsaufgaben

1 Was sind Beschreibungsmerkmale von Zielen?
2 Welche Beziehungen zwischen Zielen und Motiven werden derzeit diskutiert?
3 Welche Folgen kann es haben, wenn wichtige Ziele nicht oder nicht mehr erreichbar sind?

Die Antworten finden Sie unter www.reinhardt-verlag.de.

Kognitionsbezogene Unterschiede | 3.4

In den sozial-kognitiven Persönlichkeitstheorien wird den kognitiven Prozessen von Menschen, vor allem unterschiedlichen Arten von Erwartungen, ein besonderer Stellenwert zur Erklärung von inter- und intraindividuellen Unterschieden im Verhalten und Erleben zugewiesen. Diese Erwartungen sind miteinander verknüpft und wirken bei der Handlungssteuerung zusammen (s. Abb. 3.6).

Erwartungstypen

Die **Konsequenzerwartungen** beziehen sich auf die wahrgenommene Wahrscheinlichkeit, dass eine bestimmte Handlung auch zu dem erwünschten Ergebnis (Konsequenz) führt. Solche Erwartungen über Handlungsfolgen spielen in vielen Theorien eine wichtige Rolle für die Erklärung von Verhalten, so z.B. in Rotters sozialer Lerntheorie, in der Kontrollüberzeugungen als wesentliche Konsequenzerwartungen beschrieben werden.

Auf der Grundlage von Konsequenzerwartungen werden Kompetenzerwartungen oder auch **Selbstwirksamkeitserwartungen** generiert. Sie beziehen sich auf die Erwartung einer Person, das konkrete Verhalten, das zu bestimmten Handlungsergebnissen führen soll, auch tatsächlich zur Verfügung zu haben und ausführen zu können.

Ein weiterer wesentlicher Typ von Erwartungen richtet sich auf die wahrgenommene Wahrscheinlichkeit, dass die Zukunft für die eigene Person eher positive oder eher negative Ereignisse bringen wird – unabhängig davon, wie diese zustande kommen. Diese Erwartungen werden auch als **Ergebniserwartungen** bezeichnet. Vor allem der Dispositionale Optimismus entspricht diesem Typ einer generalisierten positiven Ergebniserwartung.

Abb 3.6 | *Erwartungstypen*

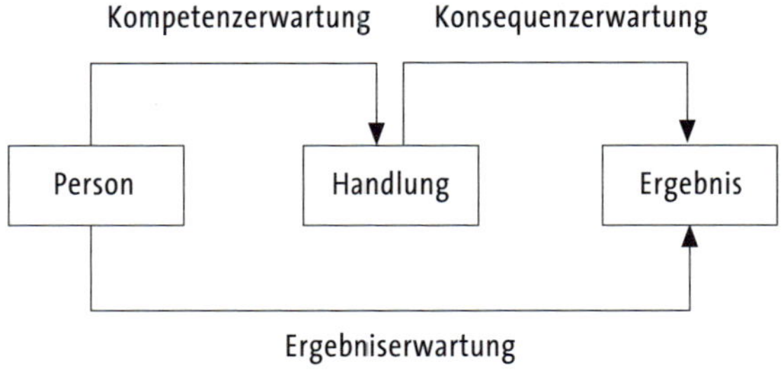

3.4.1 | Kontrollüberzeugungen

Menschen unterscheiden sich in ihren **Erwartungen**, ob die Kontrolle über die Ereignisse in ihrem Leben bei ihnen selbst (internal) oder außerhalb ihrer eigenen Person (external) liegt. Diese Erwartungen über die Konsequenz von Situationen werden seit Rotter (1966) **Kontrollüberzeugungen** genannt. Die Einbettung des Konstrukts Kontrollüberzeugungen in Rotters soziale Lerntheorie wurde in →Kapitel 2.7 dargestellt.

Das Konstrukt Kontrollüberzeugungen hat im Laufe seiner Geschichte eine Reihe von Differenzierungen erfahren (Lefcourt 1991). Diese beziehen sich einmal auf die Bereichsspezifität und zum anderen auf die Dimensionen oder Facetten von Kontrollüberzeugungen.

bereichsspezifische Kontrollüberzeugungen

In ihrer ursprünglichen Form wurden Kontrollüberzeugungen als **generalisierte** Erwartungen konzipiert. Dies bedeutet, dass Annahmen darüber, ob Ereignisse im Lebensraum beeinflusst werden können oder nicht, sich über ganze Situationsklassen und Lebensbereiche hinweg erstrecken. Es zeigte sich jedoch, dass generalisierte Kontrollüberzeugungen nicht notwendigerweise mit Kontrollerwartungen in spezifischen Lebensbereichen zusammenhängen. Daher wurden auch verstärkt **bereichsspezifische** Kontrollüberzeugungen untersucht.

Beispiel

Ein Student kann im Allgemeinen davon überzeugt sein, dass er derjenige ist, der entscheidenden Einfluss auf die Ereignisse in seinem Leben hat (generalisierte internale Kontrollüberzeugung). Trotzdem kann er die Erwartung haben, dass seine Leistung in der anstehenden Statistikprüfung nicht von ihm abhängen wird, sondern von Einflüssen außerhalb seiner Person, z.B. der überaus launischen Dozentin (bereichsspezifische externale Kontrollüberzeugung).

Dimensionalität von Kontrollüberzeugungen

Rotter verstand Kontrollüberzeugungen zunächst als ein eindimensionales Konstrukt mit den Polen Internalität und Externalität. Es zeigte sich aber, dass es wesentliche Unterschiede hinsichtlich der externalen Faktoren gibt, denen Menschen Kontrolle über Ereignisse zuschreiben. Daher schlug Levenson (1981) vor, drei Dimensionen von Kontrollüberzeugungen zu unterscheiden:

- **Internalität** (die Kontrolle liegt innerhalb der Person),
- **soziale Externalität** (die Kontrolle liegt bei anderen Menschen) und
- **fatalistische Externalität** (Zufalls- oder Schicksalseinflüsse werden als die wesentlichen Einflussfaktoren für den Ausgang von Situationen angenommen).

Diese drei Dimensionen sind bei allen Menschen vorhanden. Die Ausprägung der drei Dimensionen bei einem Menschen hat ein für ihn charakteristisches, relativ überdauerndes Muster. Jemand kann etwa eine hoch ausgeprägte internale Kontrollüberzeugung und jeweils niedrig ausgeprägte sozial-externale und fatalistisch-externale Kontrollüberzeugungen aufweisen.

Erhebungsverfahren

Die Bereichsspezifität und Dimensionalität von Kontrollüberzeugungen spiegeln sich in entsprechenden Erhebungsverfahren wider (s. Kasten 3.15).

Kasten 3.16

Erfassung von Kontrollüberzeugungen

Der von Rotter (1966) entwickelte ROT-IE-Fragebogen ist ein eindimensionales Wahlzwangverfahren, bei dem man von zwei Aussagen diejenige auswählen muss, die man für eher zutreffend hält. Eine Aussage repräsentiert eine generalisierte internale („People's misfortunes result from the mistakes they make"), die andere eine externale Kontrollüberzeugung („Many of the happy things in people's lives are partly due to good luck").

Dreidimensionale Fragebogen enthalten Aussagen, die internale, sozial-externale und sozial-fatalistische Kontrollüberzeugungen operationalisieren. Für jede Aussage muss angegeben werden, in welchem Ausmaß sie für die eigene Person zutrifft. Es gibt Fragebogen, die das dreidimensionale Kontrollüberzeugungskonstrukt in generalisierter Form erfassen (z.B. der „Fragebogen zu Kompetenz- und Kontrollüberzeugungen", Krampen 1991) oder die für spezifische Lebensbereiche entwickelt wurden (z.B. der „Fragebogen zur Erhebung von Kontrollüberzeugungen zu Krankheit und Gesundheit", Lohaus / Schmitt 1989).

Kontingenzen

Wesentlich für die Ausbildung von Kontrollüberzeugungen sind Lernerfahrungen, und zwar vor allem wiederholte Erfahrungen des Zusammenhangs (oder fehlenden Zusammenhangs) zwischen eigenem Verhalten und dessen Folgen. Diese Zusammenhänge werden auch **Kontingenzen** genannt. Entsprechende Lernerfahrungen beginnen in der frühen Kindheit und werden von den Eltern und der Familie entscheidend beeinflusst (Diethelm 1991). Wird ein Kind zu eigenständigem Handeln ermutigt und bekommt so die Möglichkeit, Kontingenzen zwischen dem eigenen Handeln und erwünschten Folgen zu erkennen, dann fördert dies die Entwicklung internaler Kontrollüberzeugungen. Weitere wichtige Sozialisationsinstanzen, in denen Menschen Erfahrungen über (fehlende) Kontingenzen machen können, sind z.B. die Schule oder die Arbeitswelt.

Korrelate von Kontrollüberzeugungen: Noch intensiver als die Entstehungsbedingungen von Kontrollüberzeugungen wurden und werden ihre Zusammenhänge mit dem Verhalten und Erleben in unterschiedlichen Lebensbezügen untersucht. Dabei steht häufig die Frage im Vordergrund, welche Form und Ausprägung von Kontrollüberzeugungen besonders günstig sind.

Studie

Ausgehend von der Annahme, dass internale Kontrollüberzeugungen in positiver Beziehung zu guten Schulleistungen stehen, untersuchte z.B. Gutkin (1978) Möglichkeiten zur Herstellung von förderlichen schulischen Bedingungen. 125 Schulkinder aus überwiegend ungünstigen sozioökonomischen Bedingungen wurden einer von drei Gruppen zugeteilt. Die Interventionsgruppe erlebte 16 Tage lang Bedingungen, die

Kontingenzerfahrungen zwischen eigenem leistungsbezogenen Verhalten und positiven Folgen wie guten Bewertungen vermitteln sollten. Sie wurden immer sofort gelobt, wenn sie gutes Arbeitsverhalten zeigten, und das Erledigen der Hausaufgaben wurde durch ein Belohnungssystem unterstützt. Die Placebogruppe erhielt ebenfalls mehr Zuwendung, aber keine gezielten Kontingenzerfahrungen. Die Kontrollgruppe erhielt den gleichen Unterricht wie zuvor. Nach den 16 Tagen zeigte die Interventionsgruppe deutlich höhere Internalitätswerte als die Placebo- und Kontrollgruppe.

Gesundheit und Krankheit

Schon früh lag ein wesentlicher Anwendungsbereich des Kontrollüberzeugungs-Konstrukts in der Erklärung gesundheitsbezogenen Erlebens und Verhaltens. Häufig zeigten sich dabei Zusammenhänge zwischen erhöhten internalen Kontrollüberzeugungen und einem besseren Gesundheitsverhalten (z. B. Steptoe / Wardle 2001).

reale Kontrollmöglichkeiten

Ergebnisse wie diese könnten nahelegen, dass hohe Internalität immer wünschenswert und hohe Externalität, egal ob sozial oder fatalistisch, immer negativ ist. Hier ist die Erkenntnislage jedoch so, dass hohe internale Kontrollüberzeugungen nur dann förderlich sind, wenn Situationen auch reale Kontrollmöglichkeiten aufweisen. Fehlen diese Kontrollmöglichkeiten (z. B. in einer sehr autoritär geführten Schule), dann kann hohe Internalität zu Frustrationen, Hilflosigkeitserfahrungen und einer schlechten Anpassung führen.

Literatur

Rotter, J. B. (1989).
Internal versus external contol of reinforcement: A case history of a variable. American Psychologist, 45,489–493.

Übungsaufgaben

1 Welche Differenzierungen hat das Konzept der Kontrollüberzeugungen im Laufe seiner Entwicklung erfahren?
2 Warum sind Kontingenzerfahrungen im Zusammenhang mit der Entwicklung von Kontrollüberzeugungen wichtig?
3 Sind hoch ausgeprägte internale Kontrollüberzeugungen immer günstiger für das Verhalten und Erleben?

Die Antworten finden Sie unter www.reinhardt-verlag.de.

3.4.2 Selbstwirksamkeitserwartungen

Das Konzept der Erwartungstypen und insbesondere das der Selbstwirksamkeitserwartung wurde von Albert Bandura im Rahmen seiner sozialkognitiven Lerntheorie in den 70er Jahren des 20. Jahrhunderts entwickelt (→ Kap. 2.7).

Definition

Selbstwirksamkeitserwartungen beziehen sich auf die Erwartung, eine zielführende Handlung (z. B. Joggen) auch trotz Versuchungen (Kinobesuch mit Freunden) und Schwierigkeiten (schlechtes Wetter) ausführen zu können.

Dimensionen der Selbstwirksamkeit

Bandura (1997) unterscheidet drei verschiedene Dimensionen der Selbstwirksamkeit, hinsichtlich derer sich Menschen interindividuell unterscheiden können:

- Die erste Dimension bezieht sich auf die **Höhe des Schwierigkeitsgrades** (magnitude) der Handlung, für die sich Menschen als selbstwirksam einschätzen.

Beispiel

Die eine Person mag sich zutrauen, auch sehr schwierige Prüfungen erfolgreich meistern zu können, während eine andere Person sich nur einfache Prüfungen zutraut.

- Die zweite Dimension bezieht sich auf die **Stärke der Selbstwirksamkeitserwartung** (strength).

Beispiel

Eine Person kann sich mehr oder weniger sicher sein, dass sie über die erforderlichen Kompetenzen verfügt, Prüfungssituationen erfolgreich meistern zu können.

- Die dritte Dimension bezieht sich auf das **Ausmaß der Generalisierung** (generality) einer verhaltensspezifischen Selbstwirksamkeitserwartung auf andere, ähnliche Verhaltensbereiche.

Beispiel

Eine Person, die aufgrund einer positiven Prüfungserfahrung in der Differentiellen Psychologie der Überzeugung ist, dass sie nun alle kommenden Prüfungen in Psychologie erfolgreich meistern wird, zeigt ein höheres Maß an Generalisierung als eine Person, die aufgrund einer solchen Erfahrung der Überzeugung ist, dass sie weitere Prüfungen in Differentieller Psychologie gut bestehen wird.

Diese drei Dimensionen sind in der Praxis teilweise schwer zu trennen. Generell erwies sich ein kombiniertes Maß aus Höhe und Stärke der Selbstwirksamkeit als gut geeignet für die Verhaltensvorhersage.

Allgemeine Selbstwirksamkeitserwartung

In der psychologischen Forschung wird zudem zwischen verhaltensspezifischen Selbstwirksamkeitserwartungen (mit dem Rauchen aufhören zu können) und der generalisierten Selbstwirksamkeitserwartung unterschieden. In dem Konzept der „allgemeinen Selbstwirksamkeitserwartung“ wird die subjektiv wahrgenommene Verfügbarkeit von Handlungsressourcen als generalisiert und in diesem Sinn als Persönlichkeitsmerkmal verstanden (Schwarzer 1994). Das Konzept beruht auf der Annahme, dass Menschen ihre Erfolgserfahrungen sich selbst zuschreiben und diese Zuschreibung eigener Fähigkeit als Erwartung hinsichtlich zukünftiger Ereignisse generalisieren.

Ein Messinstrument mit zehn Items zur Messung der allgemeinen Selbstwirksamkeit wurde von Jerusalem und Schwarzer bereits 1986 entwickelt und später aktualisiert (z.B. „Die Lösung schwieriger Probleme gelingt mir immer, wenn ich mich darum bemühe“).

funktionaler Optimismus

Eine leichte und damit optimistische Überschätzung der eigenen Handlungskompetenzen bezeichnet Schwarzer (1994) als „funktionalen Optimismus", da dadurch adaptives Verhalten begünstigt wird.

Selbstwirksamkeit als personale Ressource

Die generelle Überzeugung, eine neue oder schwierige Aufgabe auch dann erfolgreich lösen zu können, wenn sich Widerstände in den Weg stellen, stellt eine wichtige personale Ressource dar. Sie beeinflusst sowohl die Zielsetzung selbst als auch den Prozess der Zielrealisierung (Jerusalem / Schwarzer 1992). Personen mit einer hohen Selbstwirksamkeitserwartung setzen sich höhere Ziele, investieren mehr Anstrengung und zeigen eine höhere Ausdauer. Es gibt enge negative Zusammenhänge zu Ängstlichkeit, Depressivität, Burnout und Stresseinschätzungen. Hochselbstwirksame Lehrer beispielsweise berichten eine geringere berufliche Belastung sowie seltener Symptome von Burnout (Schmitz / Schwarzer 2000).

Studie

In einer längsschnittlichen Studie mit 282 Kindern im Alter von 11 Jahren wurde die akademische und soziale Selbstwirksamkeit und Depressivität zu Beginn der Studie sowie ein und zwei Jahre später erfasst (Bandura et al. 1999). Die Ergebnisse unterstreichen die Bedeutung der Selbstwirksamkeit für die Entwicklung und das Befinden der Kinder. Eine geringe soziale Selbstwirksamkeit trug direkt zur Entwicklung von Depressivität bei. Der Einfluss einer geringen akademischen Selbstwirksamkeit war etwas komplexer. Im ersten Jahr zeigte sich, dass die Kinder stärker mit Depressivität regierten, wenn sie sich eine nur geringe akademische Selbstwirksamkeit zuschrieben. Der Effekt der Selbstwirksamkeit war dabei stärker als der Effekt von den tatsächlichen schulischen Leistungen. Langfristig wurde der Effekt der akademischen Selbstwirksamkeit auf die Depressivität der Kinder vermittelt durch eine geringe akademische Leistung und Problemverhalten der Kinder (Hyperaktivität, Aggressivität etc.).

Selbstwirksamkeit und Gesundheit

Menschen mit hohen Selbstwirksamkeitserwartungen sind eher in der Lage, Risikoverhaltensweisen abzubauen und Gesundheitsverhaltensweisen über längere Zeit aufrechtzuerhalten, sofern sie erst einmal von der Notwendigkeit dazu überzeugt sind und einen festen Entschluss gefasst haben (Renner / Schwarzer 2003). Die Selbstwirksamkeitserwartung spielt sowohl bei jungen als auch älteren Erwachsenen z. B. eine zentrale Rolle bei der Motivation zur körperlichen Aktivität und zu einer gesunden Ernährung (Renner et al. 2007).

Bandura nennt insgesamt vier verschiedene Quellen der Selbstwirksamkeitserwartung:

Quellen der Selbstwirksamkeitserwartung

- Die sicherlich wirksamste Quelle von Selbstwirksamkeitserwartungen sind **eigene Erfahrungen**, schwierige Situationen erfolgreich meistern zu können (mastery). Allerdings ist nicht nur das positive Ergebnis hier entscheidend, sondern die Erfolge müssen auch tatsächlich der eigenen Person zugeschrieben werden (internale Attribution, → Kap. 3.4.3).
- Eine weitere wichtige Quelle sind stellvertretende Erfahrungen durch die Beobachtung anderer Personen **(Modelllernen)**. Insbesondere wenn wir Menschen, die uns hinsichtlich unserer Fähigkeiten und Kompetenzen ähneln (Modell), bei der erfolgreichen Bewältigung einer Aufgabe beobachten, trauen wir uns diese Herausforderung auch eher selbst zu. Andererseits kann ein Misserfolg solcher Modellpersonen auch demotivieren und die Selbstwirksamkeit verringern. Je größer die Ähnlichkeit zur beobachteten Person ist, desto stärker ist die Beeinflussung durch das Modell.
- Eine dritte Quelle der Selbstwirksamkeit ist die **verbale Informationsvermittlung** anhand von Rückmeldungen über eigene Kompetenzen und Leistungen.

Beispiel

Ein Lehrer, der einem Schüler vor einer Klassenarbeit sagt, dass er die anstehende Klassenarbeit sehr gut schaffen kann, wenn er sich anstrengt, vermittelt eine positive Kompetenzeinschätzung und stärkt damit die Selbstwirksamkeit des Schülers. Voraussetzung auch hier ist allerdings, dass der Schüler eine internale Attribution vornimmt und dass die Einschätzung den tatsächlichen Kompetenzen des Schülers angemessen ist. Positive Rückmeldungen, die unrealistisch sind, würden bei wiederholten Misserfolgen den Schüler eher demotivieren.

- Als vierte Quelle der Selbstwirksamkeit nennt Bandura **physiologische Reaktionen**. Herzklopfen, Schwitzen und zittrige Hände gehen oft mit emotionalen Reaktionen wie Angst einher. Solche physiologischen Reaktionen angesichts einer herausfordernden Situation (z.B. eines Referats) können als Anzeichen von mangelnder Kompetenz interpretiert werden und zur Verringerung der Selbstwirksamkeitserwartung beitragen.

Reattribution

Ein Abbau oder die Reattribution („Alle Menschen haben Herzklopfen in einer solchen Situation, das hat nichts mit meiner Kompetenz zu tun") derartiger Stressreaktionen kann entsprechend dazu beitragen, ruhiger an Herausforderungen heranzugehen, sie so besser zu meistern und in der Folge höhere Selbstwirksamkeitserwartungen zu entwickeln.

Literatur

Schwarzer, R. & Jerusalem, M. (2002). Das Konzept der Selbstwirksamkeit. Zeitschrift für Pädagogok, 44. Beiheft: Selbstwirksamkeit und Motivationsprozesse in Bildungsinstitutionen, 28–53. Bandura, A. (1997). Self-efficacy: The exercise of control. New York: Freemann.

Übungsaufgaben

1 Welche Merkmale von Selbstwirksamkeitserwartungen sind besonders geeignet für eine Vorhersage von Verhalten?
2 Anhand welcher Quellen entsteht eine hohe Kompetenzerwartung?
3 Welcher psychische Prozess ist zentral dafür, dass positive Ergebnisse und Erfolge zur Erhöhung der Kompetenzerwartung beitragen?

Die Antworten finden Sie unter www.reinhardt-verlag.de.

3.4.3 | Optimismus und optimistischer Attributionsstil

Positive Zukunftserwartungen bilden den Kern des Konzepts „Optimismus". Sozialpsychologische Arbeiten konzentrieren sich dabei vor allem auf situationsspezifische optimistische Erwartungen und typische Fehler in der Urteilsbildung. Persönlichkeitspsychologische Arbeiten hingegen konzipieren Optimismus als Persönlichkeitsmerkmal und untersuchen die Entstehung und die Folgen interindividueller Unterschiede in der Ausprägung von Optimismus. Entsprechend diesen beiden Forschungstraditionen werden sehr unterschiedliche Optimismuskonzepte diskutiert.

Überdurchschnittlichkeits-Syndrom

Optimismus als situationsspezifische Erwartung. Zahlreiche Studien zeigen, dass Menschen dazu tendieren, sich als überdurchschnittlich intelligent, organisiert oder attraktiv einzuschätzen. Dieses Überdurchschnittlichkeits-Syndrom wird als Hinweis auf motivational verzerrte Urteilsstrategien interpretiert. Demnach versuchen Menschen, durch optimistische Einschätzungen der eigenen Person ihren Selbstwert zu erhalten oder zu erhöhen.

Studie

In einer Längsschnittsuntersuchung haben Taylor et al. (2003) positive Folgen des Überdurchschnittlichkeits-Syndroms aufgezeigt. Studierende, die diese Einschätzung vornahmen, wiesen nicht nur eine bessere psychische Gesundheit auf, sondern wurden auch von ihren Freunden positiver bewertet. Generell ist es Gegenstand lebhafter Diskussionen, ob solche „positive Illusionen" als Zeichen psychischen Wohlbefindens oder aber als dysfunktionale Verzerrungen zu verstehen sind.

unrealistischer Optimismus

Im Kontext der Risikoforschung zeigt sich in ähnlicher Weise, dass Personen dazu neigen, das eigene gesundheitliche Risiko geringer einzuschätzen als das anderer Menschen (Renner/Schupp 2005). Diese Tendenz wird als „unrealistischer Optimismus" bezeichnet. Auch der unrealistische Optimismus wird überwiegend als Ergebnis motivational verzerrter Einschätzungsstrategien betrachtet. Sie haben zum Ziel, eine positive Sichtweise des Selbst und der eigenen Gesundheit aufrechtzuerhalten. Die Befürchtung, dass der „optimistische Fehlschluss" dazu verleiten könnte, Risiken nicht realistisch wahrzunehmen und ihnen nicht rechtzeitig entgegenzuwirken, konnte durch vorliegende Studien bisher nicht eindeutig bestätigt werden.

Dispositionaler Optimismus

Optimismus als Persönlichkeitseigenschaft. „Es wird schon alles gut werden" ist ein geläufiger Gedanke, der uns in unsicheren Zeiten durch den Kopf geht. Solche generalisierten, globalen und zeitlich stabilen Ergebniserwartungen bilden den Kern des „dispositionalen Optimismus", ein Konzept, das von Scheier und Carver entwickelt wurde (Scheier et al. 2001). Dispositionale Optimisten blicken im Allgemeinen zuversichtlich in die Zukunft, wobei offengelassen wird, ob sich die Dinge von allein positiv entwickeln oder ob man selbst dazu etwas beiträgt.

Life Orientation Test (LOT-R)

Gemessen wird der dispositionale Optimismus mit dem „Life Orientation Test" (LOT-R), einem Fragebogen, der in seiner aktuellen Version sechs Items umfasst (z. B. „Ich blicke stets optimistisch in die Zukunft").

Selbstregulationsmodell

Der dispositionale Optimismus ist Teil des Selbstregulationsmodells von Scheier und Carver, das Prozesse der Identifikation und Realisierung von Zielen beschreibt. Dem dispositionalen Optimismus wird eine entscheidende Bedeutung zugeschrieben, wenn Barrieren bei der Zielrealisierung auftreten. Es wird angenommen, dass Optimisten – im Gegensatz zu Pessimisten – in diesem Fall meist zuversichtlich in die Zukunft blicken, was ihnen erlaubt, trotz auftretender Barrieren ihren Einsatz zu verstärken und nicht vorschnell aufzugeben. Wenn die Zielerreichung jedoch unwahrscheinlich ist, können sich Optimisten im Gegensatz zu Pessimisten schneller von diesen Zielen lösen und sich neuen Zielen zuwenden. Zahlreiche Untersuchungen bestätigen, dass Optimisten wie erwartet adaptivere Bewältigungsstrategien einsetzen, sich gesünder verhalten und einen besseren Verlauf bei Erkrankungen sowie eine höhere Lebensqualität aufweisen.

Studie

Studien aus dem Arbeitskreis von Scheier und Carver zeigen bedeutsame Unterschiede zwischen Optimisten und Pessimisten im Hinblick auf ihren Genesungsverlauf und ihr Gesundheitsverhalten, etwa nach einer Bypassoperation (Scheier et al. 1999). Schon während der Operation zeigten sich günstigere physiologische Messwerte bei den Optimisten im Vergleich zu den Pessimisten. Eine Woche nach der Operation wurden Verhaltensunterschiede beobachtet. Die Optimisten erholten sich schneller, verließen eher das Bett, liefen umher und waren zufriedener mit ihrer Situation. Sechs Monate nach der Operation hatte sich das Leben der Optimisten stärker normalisiert als das der Pessimisten. Sie arbeiteten wieder ganztags und hatten ihre sportlichen und sonstigen Aktivitäten aufgenommen. Nach fünf Jahren berichteten die Optimisten über eine höhere Lebensqualität, bei ihnen gab es mehr Ganztagsbeschäftigungsverhältnisse, sie verhielten sich gesünder und hatten weniger Schmerzen.

Optimismus und Bewältigungsstile

Wie lässt sich nun dieser Zusammenhang zwischen Optimismus als Persönlichkeitsmerkmal und den genannten Gesundheitsdaten erklären? Scheier und Carver argumentieren, dass die Wahl von Bewältigungsstrategien durch den Optimismus mitbestimmt wird und sich auf diesem Wege die berichteten gesundheitlichen Unterschiede ergeben. So zeigte sich z.B., dass Optimisten schon vor der Operation Pläne schmiedeten und sich konkrete Ziele für den Genesungsverlauf setzten, während Pessimisten stärker auf ihre augenblicklichen Gefühle achteten.

Horowitz, F. D. (1992). John B. Watson's Legacy: Learning and environment. *Developmental Psychology*, 28, 360–367.
Isen, A. M. (2000). Some perspectives on positive affect and self-regulation. *Psychological Inquiry*, 11, 184–187.
Iversen, I. H. (1992). Skinner's Early Research. From reflexology to operant conditioning. *American Psychologist*, 47, 1318–1328.
Jerusalem, M. & Schwarzer, R. (1992). Self-efficacy as a resource factor in stress appraisal processes. In R. Schwarzer (Ed.), *Self-efficacy: Thought control of action* (pp. 195–213). Washington, DC: Hemisphere.
Jones, E.; Gallois, C.; Callan, V. & Barker, M. (1999). Strategies of accommodation: Development of a coding system for conversational interaction. *Journal of Language and Social Psychology*, 18(2), 123–152.
Jones, K. & Day, J. D. (1997). Discrimination of two aspects of cognitive-social intelligence from academic intelligence. *Journal of Educational Psychology*, 89, 486–497.
Kang, S.-M.; Day, J. D. & Meara, N. M. (2006). Soziale und emotionale Intelligenz: Gemeinsamkeiten und Unterschiede. In R. Schulze, P. A. Freund & R. D. Roberts (Hrsg.), *Emotionale Intelligenz: Ein Internationales Handbuch* (S. 101–115). Göttingen: Hogrefe.
Karney, B. R.; Bradbury, T. N.; Fincham, F. D. & Sullivan, K. T. (1994). The role of negative affectivity in the association between attributions and marital satisfaction. *Journal of Personality and Social Psychology*, 66, 413–424.
Kelly, G. A. (1955). *The psychology of personal constructs*, Vol. 1 and 2. New York: Norton.
Kelly, G. A. (1969). The autobiography of a theory. In B. Maher (Ed.), *Clinical Psychology and Psychotherapy: Selected papers of G. A. Kelly* (pp. 46–65). New York: Wiley.
Kelly, G. A. (1986). *Die Psychologie der personalen Konstrukte*. Paderborn: Junfermann.
Kenny, D. A. (1994). *Interpersonal perception: A social relations analysis*. New York, NY: Guilford Press.
Köhler, T. (1995). *Freuds Psychoanalyse: Eine Einführung*. Stuttgart: Kohlhammer.
Koltko-Rivera, M. E. (2006). Rediscovering the later version of Maslow's hierarchy of needs: Self-transcendence and opportunities for theory, research, and unification. *Review of General Psychology*, 10, 302–317.
Krampen, G. (1991). *Fragebogen zu Kompetenz- und Kontrollüberzeugungen*. Göttingen: Hogrefe.
Krohne, H. W. (1993). Vigilance and cognitive avoidance as concepts in coping research. In H. W. Krohne (Ed.), *Attention and avoidance. Strategies in coping with aversiveness* (pp. 19–50). Seattle: Hogrefe & Huber.
Krohne, H. W. (1996). *Angst und Angstbewältigung*. Stuttgart: Kohlhammer.
Krohne, H. W.; Egloff, B.; Kohlmann, C.-W. & Tausch, A. (1996). Untersuchungen mit einer deutschen Version der „Positive and Negative Affect Schedule" (PANAS). *Diagnostica*, 42, 139–156.
Kuppens, P.; Van Mechelen, I.; Smits, D. J. P.; De Boeck, P. & Ceulemans, E. (2007). Individual differences in patterns of appraisal and anger experience. *Cognition and Emotion*, 21, 689–713.
Larsen, R. J. & Ketelaar, T. (1991). Personality and susceptibility to positive and negative emotional states. *Journal of Personality and Social Psychology*, 61, 132–140.
Lazarus, R. S. (1993). From psychological stress to the emotions: A history of changing outlooks. *Annual Review of Psychology*, 44, 1–21.
Lazarus-Mainka, G. & Siebeneick, S. (2000). *Angst und Ängstlichkeit*. Göttingen: Hogrefe.
Lee, J.-E.; Wong, C.-M. T.; Day, J. D.; Maxwell, S. E. & Thorpe, P. (2000). Social and academic intelligences: A multitrait-multimethod study of their crystallized and fluid characteristics. *Personality and Individual Differences*, 29, 539–553.
Lefcourt, H. M. (1991). Locus of control. In J. P. Robinson, P. R. Shaver & L. S. Wrightsman (Eds.), *Measures of personality and social psychological attitudes* (pp. 413–499). San Diego: Academic Press.
Lefrançois, G. R. (2003). *Psychologie des Lernens*. Berlin: Springer.
Legrand, L. N.; McGue, M. & Iacono, W. G. (1999). A twin study of state and trait anxiety in childhood and adolescence. *Journal of Child Psychology and Psychiatry*, 40, 953–958.
Levenson, H. (1981). Differentiating among internality, powerful others, and chance. In H. M. Lefcourt (Ed.), *Research within the locus of control construct*, Vol. 1 (pp. 15–63). New York: Academic Press.
Liebert, R. & Morris, L. (1967). Cognitive and emotional components of test anxiety: A

distinction and some initial data. *Psychological Reports*, 20, 975–987.

Litman, J. A. & Spielberger, C. D. (2003). Measuring epistemic curiosity and its diversive and specific components. *Journal of Personality Assessment*, 80, 75–86.

Loewenstein, G. (1994). The psychology of curiosity: A review and reinterpretation. *Psychological Bulletin*, 116, 75–98.

Lohaus, A. & Schmitt, G. M. (1989). *Fragebogen zur Erhebung von Kontrollüberzeugungen zu Krankheit und Gesundheit (KKG)*. Göttingen: Hogrefe.

Maes, S. & Karoly, P. (2005). Self-regulation assessment and intervention in physical health and illness: A review. *Applied Psychology: An International Review*, 54, 267–299.

Maslow, A. H. (1954). *Motivation and personality.* New York: Harper.

Mayer, J. D. & Salovey, P. (1997). What is emotional intelligence? In P. Salovey & D. Sluyter (Eds.), *Emotional development and emotional intelligence: Implications for educators* (pp. 3–31). New York: Basic Books.

Mayne, T. J. (1999). Negative affect and health: The importance of being earnest. *Cognition and Emotion*, 13, 601–635.

McClelland, D. C. (1987). *Human motivation.* Cambridge: Cambridge University Press.

McCrae, R. R. & Costa, P. T. (1987). Validation of the five-factor model of personality across instruments and observers. *Journal of Personality and Social Psychology*, 52, 81–90.

McCrae, R. R.; Costa, P. T.; Ostendorf, F.; Angleitner, A.; Hrebickova, M.; Avia, M. D.; Sanz, J.; Sanchez-Bernardos, M. L.; Kusdil, M. L.; Woodfield, R.; Saunders, P. T. & Smith, P. B. (2000). Nature over nurture: Temperament, personality, and life span development. *Journal of Personality and Social Psychology*, 78(1), 173–186.

McCrae, R. R. & John, O. P. (1992). An introduction to the five-factor model and its implications. *Journal of Personality*, 60, 175–215.

McCrae, R. R.; Terracciano, A. & 78 Members of the Personality Profiles (2005). Universal features of personality traits from the observer's perspective: Data from 50 cultures. *Journal of Personality and Social Psychology*, 88, 547–561.

Mischel, W. (1976). *Introduction to psychology.* New York: Holt, Rinehart and Winston.

Mischel, W. & Shoda, Y. (1995). A cognitive-affective system theory of personality: Reconceptualizing situations, dispositions, dynamics, and invariance in personality structure. *Psychological Review*, 102, 246–268.

Mischel, W.; Shoda, Y. & Rodriguez, M. L. (1989). Delay of gratification in children. *Journal of Personality and Social Psychology*, 43, 754–768.

Murray, H. A. (1938). *Explorations in personality.* New York: Oxford University Press.

Murray, H. A. (1943). *Thematic Apperceptive Test Manual.* Cambridge: Harvard University Press.

Neyer, F. J. & Asendorpf, J. B. (2001). Personality-relationship transaction in young adulthood. *Journal of Personality and Social Psychology*, 81, 1190–1204.

Neyer, F. J.; Banse, R. & Asendorpf, J. B. (1999). The role of projection and empathic accuracy in dyadic perception between older twins. *Journal of Social and Personal Relationships*, 419–442.

Niaura, R.; Todaro, J. F.; Stroud, L.; Spiro, A.; Ward, K. D. & Weiss, S. (2002). Hostility, the metabolic syndrome, and incident coronary heart disease. *Health Psychology*, 21, 588–593.

O'Sullivan, M. & Guilford, J. (1976). *Four factor tests of social intelligence: Manual of instructions and interpretations.* Orange, CA: Sheridan Psychological Services.

Orlik, P. (1974). Probleme der Operationalisierung sozialer Intelligenz. In L. H. Eckensberger & U. S. Eckensberger (Hrsg.), *Bericht über den 28. Kongress der Deutschen Gesellschaft für Psychologie in Saarbrücken 1972* (S. 339–383). Göttingen: Hogrefe.

Ostendorf, F. & Angleitner, A. (2004). *NEO-Persönlichkeitsinventar (NEO-PI-R).* Göttingen: Hogrefe.

Pervin, L. A.; Cervone, D. & John, O. P. (2005). *Persönlichkeitstheorien* (5. Aufl.). München: Ernst Reinhardt.

Peterson, C. & Bossio, L. M. (2001). Optimism and physical well-being. In E. C. Chang (Ed.), Optimism and pessimism: Implications for theory, research, and practice (pp. 127–145). Washington, DC: American Psychological Association.

Peterson, C.; Seligman, M. E. P. & Vaillant, G. (1988). Pessimistic explanatory style as a risk factor for physical illness: A thirty-five year longitudinal study. *Journal of Personality and Social Psychology*, 55, 23–27.

Pulkkinen, L.; Kokkonen, M. & Mäkiaho, A. (1998). Positive affectivity, self-mastery, and a sense of failure as predictors of self-assessed health. *European Psychologist*, 3, 133–142.

Quitmann, H. (1996). *Humanistische Psychologie*. Göttingen: Hogrefe.

Rattner, J. (1990). *Klassiker der Tiefenpsychologie*. München: PVU.

Ray, R. D.; Wilhelm, F. H. & Gross, J. J. (2008). All in the mind's eye? Anger rumination and reappraisal. *Journal of Personality and Social Psychology*, 94, 133–145.

Renner, B. (2006). Curiosity about people: The development of a measure of social curiosity in adults. *Journal of Personality Assessment*, 87, 305–316.

Renner, B. & Schupp, H. (2005). Risikowahrnehmung und Gesundheitsverhalten. In R. Schwarzer (Hrsg.). *Gesundheitspsychologie. Enzyklopädie der Psychologie* (S. 173–193). Göttingen: Hogrefe.

Renner, B. & Schwarzer, R. (2003). Social-cognitive factors predicting health behavior change. In J. Suls & K. Wallston (Eds.), *Social psychological foundations of health and illness* (pp. 169–196). Oxford: Blackwell.

Renner, B.; Spivak, Y.; Kwon, S. & Schwarzer, R. (2007). Age and health behaviour change: Differences in predicting physical activity of South Korean adults. *Psychology & Aging*, 22, 482–493.

Rheinberg, F. (2004). *Motivation*. Stuttgart: Kohlhammer.

Roberts, B. W.; Walton, K. E. & Viechtbauer, W. (2006). Patterns of mean-level change in personality traits across the life course: A meta-analysis of longitudinal studies. *Psychological Bulletin*, 132, 1–25.

Rofé, Y. (2008). Does repression exist? Memory, pathogenic, unconscious and clinical evidence. *Review of General Psychology*, 12, 63–85.

Rogers, C. R. (2009). *Eine Theorie der Psychotherapie, der Persönlichkeit und der zwischenmenschlichen Beziehungen*. München / Basel: Ernst Reinhardt.

Rogers, C. R. (2006). *Entwicklung der Persönlichkeit*. Stuttgart: Klett-Cotta.

Rothenberg, A. (1990). *Creativity and madness: New findings and old stereotypes*. Baltimore: Johns Hopkins University Press.

Rotter, J. B. (1966). Generalized expectancies for internal versus external control of reinforcement. *Psychological Monographs*, 80 (1, No. 609).

Rotter, J. B. & Hochreich, D. J. (1979). *Persönlichkeit. Theorien, Messung, Forschung*. Berlin: Springer.

Rosenthal, T. L. & Bandura, A. (1978). Psychological modeling: Theory and practice. In S. L. Garfield & A. E. Bergin (Eds.), *Handbook of psychotherapy and behavior change: An empirical analysis* (2nd ed., pp. 621–658). New York: Wiley.

Scheier, M. F., Carver, C. S. & Bridges, M. W. (2001). Optimism, pessimism, and psychological well-being. In E. C. Chang (Ed.). *Optimism and pessimism: Implications for theory, research, and practice* (pp. 189–216). Washington, DC: American Psychological Association.

Scheier, M. F.; Matthews, K. A.; Owens, J. F.; Schulz, R.; Bridges, M. W.; Magovern, G. J. & Carver, C. S. (1999). Optimism and rehospitalization after coronary artery bypass graft surgery. *Archives of Internal Medicine*, 159, 829–835.

Schmalt, H.-D.; Sokolowski, K. & Langens, T. (2000). *Das Multi-Motiv-Gitter (MMG)*. Lisse: Swets.

Schmidt-Atzert, L.; Deter, B. & Jaeckel, S. (2004). Prädiktoren von Ausbildungserfolg: Allgemeine Intelligenz (g) oder spezifische Fähigkeiten? *Zeitschrift für Personalpsychologie*, 3, 147–158.

Schmitz, G. S. & Schwarzer, R. (2000). Selbstwirksamkeitserwartung von Lehrern: Längsschnittbefunde mit einem neuen Instrument. *Zeitschrift für Pädagogische Psychologie*, 14(1), 12–25.

Schneewind, K. A. & Graf, J. (1998). *Der 16-Persönlichkeits-Faktoren-Test, revidierte Fassung (16 PF-R)*. Bern: Huber.

Schneider, K. & Schmalt, H.-D. (2000). *Motivation*. Stuttgart: Kohlhammer.

Schutte, N. S.; Malouff, J. M.; Thorsteinsson, E. B.; Bhullar, N. & Rooke, S. E. (2007). A meta-analytic investigation of the relationship between emotional intelligence and health. *Personality and Individual Differences*, 42, 921–933.

Schwarzer, R. (1994). Optimistische Kompetenzerwartung: Zur Erfassung einer personalen Bewältigungsressource. *Diagnostica*, 40, 105–123.

Schwenkmezger, P.; Hodapp, V. & Spielberger, Ch. D. (1992). *Das State-Trait-Ärgerausdrucks-Inventar (STAXI)*. Bern: Huber.

Selg, H.; Mees, U. & Berg, D. (1988). *Psychologie der menschlichen Aggressivität*. Göttingen: Hogrefe.

Seligman, M. E. P. (1991). *Learned optimism*. New York: Knopf.

Shoal, G. D. & Giancola, P. R. (2003). Negative affectivity and drug use in adolescent boys: Moderating and mediating mechanisms. *Journal of Personality and Social Psychology*, 84, 221–233.

Shoda, Y.; Mischel, W. (2006). Applying meta-theory to achieve generalisability and precision in personality science. *Applied Psychology: An International Review*, 55, 439–452.

Shoda, Y.; Mischel, W. & Wright, J. C. (1994) Intra-individual stability in the organization and patterning of behaviour: Incorporating psychological situations into the idiographic analysis of personality. *Journal of Personality and Social Psychology*, 67, 674–687.

Simonton, D. K. (2000). Creativity. Cognitive, Personal, Developmental, and Social Aspects. *American Psychologist*, 55, 151–158.

Skinner, B. F. (1951). How to teach animals. *Scientific American*, 186, 26–29.

Skinner, B. F. (1953). *Wissenschaft und menschliches Verhalten*. München: Kindler.

Spearman, C. (1904). „General Intelligence" objectively determined and measured. *American Journal of Psychology*, 15, 201–293.

Spinath, B. & Spinath, F. M. (2004). Verhaltensbeobachtungen in dyadischen Interaktionssituationen: Die deutsche Form des Riverside Behavioral Q-Sort (RBQ-D). *Zeitschrift für differentielle und diagnostische Psychologie*, 25, 105–115.

Stagner, R. (1937). *Psychology of personality*. New York: McGraw-Hill.

Stegen, K.; Van Diest, I.; Van de Woestijne, K. P. & Van den Bergh, O. (2001). Do persons with negative affect have an attentional bias to bodily sensations? *Cognition and Emotion*, 15, 813–829.

Steptoe, A. & Wardle, J. (2001). Locus of control and health behaviour revisited: A multivariate analysis of young adults from 18 countries. *British Journal of Psychology*, 92, 659–672.

Stern, W. (1911). *Die Differentielle Psychologie in ihren methodischen Grundlagen*. Leipzig: Barth.

Sternberg, R. J. (1985). *Beyond IQ: A triarchic theory of human intelligence*. New York: Cambridge University Press.

Sternberg, R. J. & Lubart, T. I. (1991). An investment theory of creativity and its development. *Human Development*, 34, 1–32.

Sternberg, R. J. & Lubart, T. I. (1992). Buy low and sell high: An investment approach to creativity. *Current Directions in Psychological Science*, 1, 1–5.

Taylor, S. E.; Lerner, J. S.; Sherman, D. K.; Sage, R. M. & McDowell, N. K. U. (2003). Portrait of the self-enhancer: Well adjusted and well liked or maladjusted and friendless? Journal of Personality and Social Psychology, 84, 165–176.

Thurstone, L. L. (1938). *Primary mental abilities*. Chicago: University Press.

Vassend, O. (1989). Dimensions of negative affectivity, self-reported symptoms, and health-related behaviours. *Social Science & Medicine*, 28, 29–36.

Walker, B. M. & Winter, D. A. (2007). The elaboration of personal construct psychology. *Annual Review of Psychology*, 58, 453–477.

Watson, D. (1988). Intraindividual and interindividual analyses of positive and negative affect: Their relation to health complaints, perceived stress, and daily activities. *Journal of Personality and Social Psychology*, 54, 1020–1030.

Watson, D. (2002). Positive Affectivity. The disposition to experience pleasurable emotional states. In C. R. Snyder & S. J. Lopez (Eds.), *Handbook of positive psychology* (pp. 106–119). New York: Oxford University Press.

Watson, D. & Clark, L. A. (1992). Affects separable and inseparable: On the hierarchical arrangement of the negative affects. *Journal of Personality and Social Psychology*, 62, 489–505.

Watson, D. & Clark, L. A. (1997). Extraversion and its positive emotional core. In R. Hogan, J. Johnson & S. Briggs (Eds.), *Handbook of personality psychology* (pp. 767–793). San Diego, CA: Academic Press.

Watson, D. & Pennebaker, J. W. (1989). Health complaints, stress, and distress: Exploring the central role of negative affectivity. *Psychological Review*, 96, 234–254.

Watson, J. B. (1997). *Behaviorismus*. Eschborn: Klotz.

Weber, H. (2004). Explorations in the social construction of anger. Motivation and Emotion, 28, 197–219.

Weems, C. F.; Pina, A. A.; Costa, N. M.; Watts, S. E.; Taylor, L. K. & Cannon, M. F. (2007). Predisaster trait anxiety and negative affect predict postraumatic stress in youths after hurricane Katrina. *Journal of Consulting and Clinical Psychology*, 75, 154–159.

Weis, S. & Süß, H.-M. (2007). Reviving the search for social intelligence – A multitrait-multimethod study of its structure and construct validity. *Personality and Individual Differences, 42*, 3–14

Weisberg, R. W. (1993). *Creativity: Beyond the myth of genius.* New York: Freeman.

Westmeyer, H. (2001). Kreativität: Eine relationale Sichtweise. In E. Stern & J. Guthke (Hrsg.), *Perspektiven der Intelligenzforschung* (S. 233–249). Lengerich: Pabst.

Westmeyer, H. (2005). Lerntheoretische Ansätze. In H. Weber & T. Rammsayer (Hrsg.), *Handbuch der Persönlichkeitspsychologie und Differentiellen Psychologie* (S. 81–92). Göttingen: Hogrefe.

Westmeyer, H. & Weber, H. (2004). Die Theorie der personalen Konstrukte. In K. Pawlik (Hrsg.), *Enzyklopädie der Psychologie: Differentielle Psychologie und Persönlichkeitsforschung*, Bd. 5 (S. 59–113). Göttingen: Hogrefe.

Wiggins, J. S. (Ed.) (1996). *The five-factor model of personality. Theoretical perspectives.* New York: Guilford Press.

Winter, D. G., Stewart, A. J., John, O. P., Klohnen, E. C. & Duncan, L. E. (1998). Traits and motives: Toward an integration of two traditions in personality research. *Psychological Review*, 105, 230–250.

Wrosch, C., Scheier, M. F., Carver, C. S. & Schulz, R. (2003). The importance of goal disengagement in adaptive self-regulation: When giving up is beneficial. *Self and Identity*, 2, 1–20.

Wurf, E. & Markus, H. (1991). Possible selves and the psychology of personal growth. In D. Ozer, J. M. Healy & A. Stewart (Eds.), *Perspectives in personality: Self and emotion*, Vol. 3 (pp. 39–62). London: Kingsley.

Wyss, D. (1991). *Die tiefenpsychologischen Schulen von den Anfängen bis zur Gegenwart.* Göttingen: Vandenhoeck & Ruprecht.

Zuckerman, M. (2007). *Sensation seeking and risky behavior.* Washington, DC: American Psychological Association.

5 | Glossar

Affekt: Aktuelle Gemütsbewegung, die meist mit starken Ausdrucksbewegungen und physiologischen Veränderungen verbunden ist.

Alterskohorte: Geburtsjahrgänge. Diese werden auch als „Kohorten" bezeichnet, z. B. alle Personen des Jahrgangs 1963 sind eine Alterskohorte.

Amygdala: Eine Gruppe mandelförmiger Kerne im Kerngebiet des Temporallappens; Teil des limbischen Systems mit zentraler Bedeutung für die Steuerung des Gefühlslebens.

Bildgebende Verfahren: Apparative Verfahren, mit denen physikalische und chemische Phänomene (z. B. Stoffwechselaktivität von Hirnarealen) sichtbar gemacht werden können (s. funktionelle Magnetresonanztomografie).

Bindungsbezogene Aktivität (Bindung): Genetisch vorgeprägtes Verhalten von Kindern, das Voraussetzung für eine anhaltende emotionale Beziehung zwischen Menschen ist (zunächst in der Eltern-Kind-Beziehung); Bindungsfähigkeit ist eine wichtige Voraussetzung für die Entwicklung eines Menschen.

Biologischer Reifungsprozess: Veränderungen des Körpers oder des Verhaltens, die nicht Ergebnis von Lernprozessen, Verletzungen, Krankheit oder anderen Lebenserfahrungen sind, sondern Ergebnis genetisch determinierter biologischer Änderungsprozesse im Entwicklungsverlauf.

Bipolarität: Zweipoligkeit; Vorhandensein zweier entgegengesetzter Pole eines Kontinuums (z. B. „klein" und „groß" als Pole des Kontinuums „Länge").

Body Mass Index (BMI): Maßzahl für die Bewertung des Körpergewichts eines Menschen relativ zur Größe; Berechnung: BMI = Körpergewicht (in kg) / Quadrat der Körpergröße (in m).

Delinquenz: Tendenz zur Straffälligkeit, d. h. zur Überschreitung von rechtlichen Grenzen.

Deprivation: Zustand der Entbehrung, des Entzugs oder des Verlusts von etwas Vertrautem oder vorher Vorhandenem, z. B. an sozialer Zuneigung oder Nahrung.

Determination: Zwangsläufige Bestimmtheit durch vorgegebene Bedingungen (Determinanten); bezeichnet die Festlegung von Strukturen und Funktionen einer Sache oder eines Begriffs unter gesetzmäßigen Bedingungen.

Dissoziation: Teilweiser oder völliger Verlust der normalen Integration von psychischen Funktionen wie Gefühlen, Erinnerungen, Wahrnehmungen oder der Kontrolle von Körperbewegungen; neuropsychologisch auch: Trennung von neuronalen Prozessen.

Elektroenzephalogramm (EEG): Methode zur Lokalisation charakteristischer Hirnstrukturen und zur Messung der elektrischen Gehirnströme, bei der Spannungsschwankungen an der Kopfoberfläche abgeleitet und grafisch dargestellt werden.

Emotion: Subjektives Erleben von inneren (z. B. Körperempfindungen) und / oder äußeren Reizen (z. B. Sinneswahrnehmungen), verbunden mit kognitiven Prozessen (z. B. Bewertungen) und physiologischen Veränderungen. Beispiele: Freude, Angst, Scham (s. a. Affekt).

Empirische Basis (Empirie): systematisch und nach wissenschaftlichen Kriterien gesammelte Daten (z. B. durch gezielte Beobachtungen und Befragungen), die der Prüfung von Behauptungen dienen, u. a. beim Hypothesentesten.

Enkodierung: Verschlüsselung; kognitiver Vorgang, bei dem neue Informationen und Sachverhalte mit den bestehenden Gedächtnisstrukturen verbunden und dadurch dauerhaft gespeichert werden.

ERP (event-related potentials): Hirnstromwellen, die durch bestimmte psychologische Ereignisse hervorgerufen werden und im EEG abgebildet werden können.

Evidenz: Gewissheit über die Wahrheit von Aussagen durch wissenschaftliche Ergebnisse (s. Empirie); Grad, zu dem sich eine Hypothese bewährt hat.

Exploration: Erkundung, Erforschung von Sachverhalten, Situationen oder Personen.

Falsifizierbarkeit: Möglichkeit, eine Theorie oder Hypothese aufgrund von Empirie zu widerlegen. Wichtiges Qualitätsmerkmal psychologischer Theorien.

Funktionelle Magnetresonanztomografie (fMRT): Bildgebendes Verfahren durch Magnetresonanz, besonders geeignet zur Darstellung räumlicher Strukturen von Hirnaktivität durch Blutsauerstoff.

Homöostase: Tendenz von Organismen, ein physiologisches oder psychologisches inneres Gleichgewicht zu erhalten oder wiederherzustellen.

Hypothese: Vorhersage; Annahme über einen allgemeingültigen Zusammenhang oder Unterschied. Hypothesen müssen falsifizierbar und somit empirisch prüfbar sein.

Idiografische Verfahren: Untersuchungen, die einmalige Ereignisse und Sachverhalte beschreiben. Psychologisch: Vorgehensweise, bei der dem intensiven Studium von Individuen und der Organisation der Persönlichkeitsvariablen innerhalb der Person besondere Beachtung geschenkt wird.

Indikator: (Messbarer) Sachverhalt als Hinweis auf eine verdeckte Eigenschaft, z. B. häufiges Lachen als Hinweis auf die Persönlichkeitseigenschaft Extraversion.

Intervention: Systematische Maßnahme zur Beeinflussung psychologischer Vorgänge, z. B. durch Konditionierung.

Item: a) Kleinste Einheit in einem Fragebogen (Aufgabe, Problem, Aussage oder Frage), b) statistische Recheneinheit in einem Test.

Kausalität: Beziehung zwischen Ursache und Wirkung mit einer festen zeitlichen Reihenfolge, die immer von der Ursache ausgeht, auf die die Wirkung folgt.

Kognition: Mentale Prozesse wie Gedanken, Meinungen, Einstellungen, Wünsche, Absichten; durch Kognition wird Neues gelernt und Wissen verarbeitet.

Kontrollgruppe: Personengruppe in einer Untersuchung oder einem Experiment, die keine spezielle experimentelle Behandlung erfährt, aber dennoch am Experiment teilnimmt, um als Vergleich für eine manipulierte Gruppe (Experimentalgruppe) zu dienen.

Korrelation: Statistisches Maß des linearen Zusammenhangs zwischen zwei Variablen; lässt keine Aussagen über Ursache-Wirkungs-Zusammenhänge zu.

Latenzphase: Zeitraum zwischen einer Aktion und dem Eintreten einer „Reaktion“, Verzögerungszeit. Psychoanalyse: Zeit nach Abschluss der frühkindlichen Triebentwicklung und vor Einsetzen der Pubertät ohne spezifische psychosexuelle Entwicklungsaufgaben.

Limbisches System: Verbund von Gehirnstrukturen, die an der Steuerung von Emotionen, Motivationen, Fluchtverhalten, Fressen, Kampf und Sexualverhalten beteiligt sind.

Metaanalyse: Statistische Methode, um die Ergebnisse mehrerer empirischer Studien zu vergleichen und zusammenzufassen.

Metatheorie: Theorie höherer Ordnung; Theorie über eine andere Theorie oder eine Menge anderer Theorien.

Mittelwert: Durchschnitt; statistisches Maß, bei dem Messwerte summiert und dann durch ihre Anzahl dividiert werden.

Mittlere Abweichung: Statistisches Maß, das Angaben über die Streuung von Messwerten um ihrem Mittelwert macht.

Moderation: Statistischer Begriff, der beschreibt, dass ein Zusammenhang zwischen zwei Variablen von einer Drittvariablen (Moderator) abhängt und zwischen den beiden anderen kein oder ein geringer direkter Zusammenhang besteht.

Normen: Vergleichsdaten von anderen (möglichst größeren, repräsentativen) Stichproben bei psychometrischen Tests; Vergleichsmaßstab, um ein Einzelergebnis einordnen zu können.

Operationalisierung: a) Umsetzung abstrakter Begriffe in eine beobachtbare Form, b) Definition einer Bedingung im Rahmen eines psychologischen Untersuchungsdesigns.

Pathologie: Lehre von den normabweichenden, krankhaften Vorgängen und Zuständen in Körper und Psyche sowie deren Ursachen.

Phrenologie: Lehre vom Zusammenhang zwischen Schädel- / Gehirnform auf der einen und der Persönlichkeit sowie dem Verhalten auf der anderen Seite.

Population: Grundgesamtheit aller Fälle (z. B. Personen), auf die bestimmte Merkmale zutreffen oder die für eine Forschungsfrage relevant sind.

Prädiktor: Variable(n) zur Vorhersage eines Kriteriums (auch: unabhängige Variable); z. B. Vorhersage der Abiturnote (Kriterium) anhand der Höhe des Intelligenzwertes (Prädiktor).

Retikuläres Aktivierendes System (ARAS): Neuronengeflecht im Gehirn mit auf- und absteigenden Verbindungen zur Hirnrinde, die auf das autonome Nervensystem und den Bewegungsapparat wirken; eine hohe Erregung des ARAS bewirkt eine Aktivierung des Organismus, ein geringes Aktivitätsniveau ruft Schlaf hervor.

Signifikanz, statistische: Statistisches Maß darüber, ob und in welchem Ausmaß die Ergebnisse einer empirischen Untersuchung als substanziell und wesentlich, d. h. zufallsunabhängig, zu betrachten sind.

Standardisierung: Statistisch: die Konvertierung von Punkten oder Werten in einen Standardwert. In der Psychometrie: genau geregelter, einheitlicher Ablauf bei der Durchführung von Interviews, Tests und anderen Untersuchungsmethoden sowie bei deren Auswertung.

Standardwert: Wert, der aus einer Vergleichsstichprobe (Eichstichprobe) gewonnen wurde; anhand dessen individuelle Testergebnisse eingeordnet und bewertet werden können.

Störfaktor: Einflussvariable, die in einer psychologischen Untersuchung unkontrolliert die zu messende Variable verändert. Störfaktoren müssen bei der Versuchsplanung oder bei der Datenauswertung statistisch kontrolliert werden.

Testosteron: Männliches Sexualhormon.

Triade: Gestalt aus drei Elementen (z. B. soziale Kleingruppe, die aus drei Personen besteht).

Validierung: Prozess, um einen Sachverhalt auf seine Richtigkeit / Gültigkeit zu prüfen oder sicherzustellen, dass etwas bestimmte Standards erfüllt. In der Psychometrie: Vorgang, um die Gültigkeit eines Testverfahrens zu bestimmen.

Validität: Gütekriterium für die Erhebung psychologischer Daten; beschreibt das Ausmaß, in dem ein statistisches Maß oder ein Test das interessierende Konstrukt tatsächlich abbildet (auch: Gültigkeit).

Personen- und Sachregister

6

Leseprobe

Leseprobe
Rainer Leonhart: Psychologische Methodenlehre / Statistik

Vorwort

„Jede Wissenschaft bedarf der Mathematik,
die Mathematik bedarf keiner."
(Jakob Bernoulli)

Dieses Zitat kann für die Psychologie umgewandelt werden in folgenden Satz: „Jeder Teilbereich der Psychologie (Sozialpsychologie, Allgemeine Psychologie, Klinische Psychologie etc.) bedarf grundlegender Methodenkenntnisse, die Methodenlehre bedarf keines anderen Teilbereichs."
In allen Bereichen der Psychologie wird auf die Ergebnisse von wissenschaftlichen Studien aufgebaut. Damit diese Ergebnisse richtig eingeordnet und bewertet werden können, muss der Studierende die angewandten versuchsplanerischen Methoden verstehen und die Korrektheit der angewandten statistischen Vorgehensweisen bewerten. Nur unter diesen Voraussetzungen kann die Gültigkeit (Validität) der Ergebnisse einzelner Studien bewertet werden. Auch sollte ein Studierender im Fachbereich Psychologie in der Lage sein, selbstständig Studien zu planen, durchzuführen, auszuwerten und darzustellen, wobei an unterschiedlichen Stellen des Vorgehens bestimmte Probleme auftauchen können. Die Basiskompetenz wird den Studierenden in diesem Buch vermittelt. Mein Anliegen ist es hierbei, den Studierenden nahezubringen, dass Kenntnisse im Bereich Methodenlehre zur Schlüsselkompetenz für einen Psychologen gehören. Diese Schlüsselkompetenz ist Voraussetzung für ein erfolgreiches Lernen und eine sinnvolle Anwendung in allen anderen Bereichen der Psychologie. Nur hierdurch ist eine selbstständige und kompetente Einordnung neuer Ergebnisse und wissenschaftlicher Entwicklungen möglich.

Leseprobe

Zielgruppe – Handhabung: Dieses Buch wurde für Studienanfänger im Bereich Psychologie, aber auch für andere sozialwissenschaftliche Studiengänge geschrieben. Es soll den Einstieg in diesen Bereich erleichtern und sozusagen das grundlegende Werkzeug vermitteln. Aufgrund der komplexen Darstellung eignet sich das Buch zur Prüfungsvorbereitung, da sich die Inhalte auf grundlegende Konzepte konzentrieren und somit das Basiswissen beinhalten. Zur Vertiefung wird weiterführende Literatur empfohlen und fast jedes Kapitel mit einer Zusammenfassung und Übungsaufgaben abgeschlossen. Die Lösungen zu den Aufgaben sowie vier Vertiefungsthemen mit weiteren Aufgaben und Lösungen sind unter www.reinhardt-verlag.de zu finden.
[...]

1. Einführung in die Forschungsmethoden

Die Psychologie (griech. ψυχολογια – a, psychologia, »Seelenlehre«) ist eine empirische Wissenschaft, die das Erleben und Verhalten des Menschen beschreiben, erklären und vorhersagen will. Sie kann als Geisteswissenschaft, Sozialwissenschaft oder Naturwissenschaft verstanden werden, wobei eine moderne Beschreibung die Psychologie als Verhaltens- und Kognitionswissenschaft betrachten würde. Prinzipiell ist die Psychologie eine empirische Wissenschaft, sodass empirische Methoden, z.B. verschiedene Formen der Datenerhebung und Datenauswertung, zu den grundlegenden Fertigkeiten eines Hochschulabsolventen in diesem Fach gehören. Die psychologische Methodenlehre umfasst eine Vielzahl von Werkzeugen zum Erkenntnisgewinn und ist somit die Grundlage für alle anderen Disziplinen der Psychologie (z.B. Sozialpsychologie, Allgemeine Psychologie).
Um Erkenntnisse über das Erleben und Verhalten von Menschen zu gewinnen, werden in der Psychologie Theorien entwickelt und daraus Hypothesen (= Annahmen) abgeleitet, die durch wissenschaftliche Methoden empirisch überprüft werden. Hierbei wird meistens naturwissenschaftlich vorgegangen, d.h., dass Annahmen experimentell

untersucht werden (mehr über experimentelle und quasi-experimentelle Untersuchungsdesigns: Kapitel 6).

1.1 Wissenschaftstheorie
1.2 Wissenschaftliche Datenerhebung und -auswertung
1.3 Experimente und Kausalität
1.4 Validität von Untersuchungen

Definition
Als Empirie (griech. μω, empeiria, Erfahrung) oder empirische Forschung werden die Erkenntnisse bezeichnet, die durch Datenerhebung und Datenauswertung bei Individuen (= Probanden) oder Gruppen von Probanden (= Personengruppen, Stichproben) gewonnen worden sind. Grundlage dieser Erfahrungen sind Beobachtungen, Versuche, Befragungen etc.

Merksatz
„Empirisch“ bzw. „evidenzbasiert“ sind alle wissenschaftlichen Erkenntnisse, die auf Erfahrungen aufbauen.

1.1 Wissenschaftstheorie

Dieses Kapitel wird mit einigen Gedanken und Hintergründen zum Thema „Was ist Wissenschaft?“ und „Wie funktioniert Wissenschaft?“ begonnen werden. In diesem Kontext werden einige „Meilensteine“ der Entwicklung des heutigen Wissenschaftsbegriffs dargestellt, die dazu geführt haben, dass es ein wissenschaftliches „Standardvorgehen“ in der Psychologie gibt. Gleich an dieser Stelle sei darauf hingewiesen, dass der wissenschaftliche Prozess der Wissensvermehrung als solcher sehr komplex und nur schwer verständlich ist. Er verläuft zyklisch und ist auch für die Wissenschaftler oft nicht immer verständlich.

Definition
Wissenschaft ist der Versuch, menschliche Erfahrung zu systematisieren und methodisch vor Irrtum zu sichern (Wallach 2005).

1.1.1 Wissenschaftlicher Zirkel

Um zu Erkenntnissen zu gelangen, wird der sog. „wissenschaftliche Zirkel" durchlaufen, dessen Stufen zyklisch aufeinander abfolgen:

- Aufnahme und Zusammenstellung der relevanten Fakten zu einem Thema,
- Definition einer Theorie,
- Ableitung von Folgerungen (Hypothesen),
- Überprüfung der Folgerungen an der Realität (Hypothesenprüfung),
- Ergebnis der Hypothesenprüfung als neue Fakten zur Kenntnis nehmen,
- zurück zum Anfang.

Theorien sind Systeme von Aussagen, die in sich widerspruchsfrei sind. Sie sollen komplexe Phänomene erklären, beschreiben oder vorhersagen. Die Phänomene sollen dabei mit Bekanntem in Verbindung gebracht oder auf Bekanntes zurückgeführt werden (Theoriereduktion, z. B. kann die Gravitationstheorie auf Quantenfeldtheorie zurückgeführt werden).
Um Theorien zu konkretisieren, werden „Wenn-dann"-Sätze – sog. Hypothesen – abgeleitet; die Theorie wird operationalisiert. Man unterscheidet zwischen All-Sätzen (universelle Sätze ohne Einschränkung der Gültigkeit, z. B. „Alle Menschen sind sterblich") und singulären Sätzen (Sätze mit Bezug auf definierte Einzelereignisse, z. B. „Wenn Newton recht hat, sehen wir heute eine Sonnenfinsternis"). Diese Sätze werden durch logisches Schließen entwickelt und bewertet. Hierbei handelt es sich um ein philosophisches Vorgehen.

Leseprobe

Induktion: Ein wichtiges Prinzip des Schließens ist die Induktion. Durch Sammeln von Information über viele Einzelbeobachtungen hinweg wird eine Allgemeinaussage abgeleitet. Das „Standardbeispiel“ für induktives Schließen ist: Alle Schwäne, die ich bisher gesehen habe, waren weiß. Deshalb ist jeder Schwan weiß.
Problematisch an diesem Vorgehen ist, die aufgestellte Regel, welche universell gelten soll, endgültig zu beweisen (Induktionsproblem). Wie viele Schwäne müssen denn beobachtet werden, damit die Regel „Alle Schwäne sind weiß“ gilt? Kritisiert werden kann das induktive Vorgehen auch auf einer höheren Ebene (Zirkularitätsproblem): Kann wirklich behauptet werden, dass die Regeln der Induktion – also das Induktionsprinzip an sich – gültig sind, da sie nicht bewiesen werden können? Muss ein nicht empirischer Satz, nämlich das Induktionsprinzip selbst, durch die Empirie bestätigt werden. Der Beweis des Induktionsprinzips durch die Regeln der Induktion ist nicht möglich (Unabschließbarkeitsproblem).

Leseprobe (S. 5-15) aus:
Rainer Leonhart
Psychologische Methodenlehre / Statistik
Mit 64 Übungsfragen
2008. 187 Seiten. 40 Abb. 21 Tab.
UTB-basics (978-3-8252-3064-7) kt